特色课程建设丛书

丛书主编　杨四耕

费玉新◎编著

学科课程群设计方法

华东师范大学出版社

·上海·

图书在版编目(CIP)数据

学科课程群设计方法/费玉新编著.—上海：华东师范大学出版社，2020

（特色课程建设丛书）

ISBN 978 - 7 - 5760 - 0579 - 0

Ⅰ.①学…　Ⅱ.①费…　Ⅲ.①课程设计—初中　Ⅳ.①G632.421

中国版本图书馆 CIP 数据核字(2020)第 164626 号

特色课程建设丛书
学科课程群设计方法

丛书主编　杨四耕
编　　著　费玉新
责任编辑　刘　佳
项目编辑　林青荻
特约审读　桂肖珍
责任校对　黄　燕　时东明
装帧设计　卢晓红

出版发行　华东师范大学出版社
社　　址　上海市中山北路 3663 号　邮编 200062
网　　址　www.ecnupress.com.cn
电　　话　021 - 60821666　行政传真 021 - 62572105
客服电话　021 - 62865537　门市(邮购)电话 021 - 62869887
地　　址　上海市中山北路 3663 号华东师范大学校内先锋路口
网　　店　http://hdsdcbs.tmall.com

印 刷 者　上海展强印刷有限公司
开　　本　787×1092　16 开
印　　张　14.25
字　　数　226 千字
版　　次　2021 年 3 月第 1 版
印　　次　2021 年 3 月第 1 次
书　　号　ISBN 978 - 7 - 5760 - 0579 - 0
定　　价　44.00 元

出 版 人　王　焰

（如发现本版图书有印订质量问题，请寄回本社客服中心调换或电话 021 - 62865537 联系）

编委会

主　编
费玉新

副主编
刘文晶

编　委
蒋守胜　蔡成德　许志文　贡　波　郁乐伟
马　兵　孙静娜　陆宇平　包云峰　陆　铭

丛书总序　走向课程自觉

　　这是一个焦虑的时代,每一个人都忙忙碌碌;这是一个无坐标的时代,很多人都不知身处何方;这是一个看不见路的时代,大家都不知该如何去面对新的情境;这是一个感觉模糊的时代,对很多事我们缺乏了应有的自觉和反思。

　　面对这样一个时代,我们需要有起码的文化自觉。在费孝通先生看来,文化自觉是生活在一定文化历史圈子里的人对其文化有"自知之明",并对其发展历程和未来有充分的认识。换言之,文化自觉就是文化的自我觉醒、自我反省和自我创建。

　　要提升学校课程品质,实现立德树人根本任务,文化自觉是不可或缺的。在我看来,课程领域的文化自觉就是课程自觉,它是人们基于对课程的理性认识,为着课程品质的提升而有清晰的目标意识和科学的路径观念,自觉参与课程变革实践的理性之思与理性之行。

　　课程自觉是一种有密度的自觉,它不是一个简单概念,而是一种思想、一种行动、一种文化,包含课程自知、课程自在、课程自为、课程自省以及课程自立等基本构成。推进特色课程建设,我们需要怎样的课程自觉呢?

　　1. 清晰的课程自知。课程自知是人们对特定课程情境的自觉理解,对课程理念和愿景的清晰判断,对课程内容和框架的基本认识,对课程实施路径和方位的整体把握。认识课程,认识自我,这不是一件容易的事。对一位校长来说,课程自知意味着对学校课程规划的整体理解,自觉研判学校文化与课程建构的关系、育人目标与课程架构的关系、资源调配与课程实施的关系;对一位教师来说,课程自知意味着对学科课程群建设的自觉思考,自觉跳出"课程即科目""课程即教学内容"等狭隘的课程观,建立与立德树人要求相适应的崭新课程观。

　　2. 透彻的课程自在。萨特说:存在先于本质。他曾将存在分为自在的存在和自为的存在,自在的存在是物体同其本身等同的存在,自为的存在是同意识一起扩展的存在。课程自觉需要深刻理解课程自在的文化,需要完整把握课程自在的处境,需要清晰认识课程变革的制度环境和现实可能,进而意识到哪些是可为的,哪些是不可为的;哪些是必须做的,哪些是可选择的;哪些是自己即可为的,哪些是需要制度支持的。

3. 积极的课程自为。按照萨特的观点,自为的存在是自我规定自己存在的。意识是自为的内在结构,自为的存在就是意识面对自我的在场。对课程变革而言,课程主体按照课程发展规律,通过自身的自觉行为和实践实现课程品质的提升,就是课程自为。课程自为意味着我们对课程自在的不满足,意味着我们开动脑筋思考课程变革的空间,意味着我们通过直面本己的课程实践培育新的课程文化,意味着我们在积极的卷入中推进课程深度变革。

4. 深刻的课程自省。课程自省即课程反思。杜威(1933)曾将反思解释为"思,我所思(thinking about thinking)",他鼓励专业人士审思每一个专业判断之下的潜在逻辑。课程变革是一种反思性实践,需要对实践进行反思,再将反思带到新的实践中去。反思性实践是一种主动且持续地审视理论、信念和假设的过程,它可以帮助我们在课程实践中更好地理解自我与他人,选择合适的方式应对可能的情境。课程反思是凌驾于思维之上的更高层次的反思。当你站在既定的框架里去检查这些规则的时候,是无法发现这些规则的问题的;如果你可以跳脱出来,不带评判和预设地去分析这些规则,其中的不妥之处就会被你看到。课程反思是一种能力,当你掌握了这项能力的时候,你就像"觉醒"了一样,一样的世界,你却会有不一样的"看法"。这就是哈贝马斯所谓的"沟通理性"概念,提升课程品质特别需要这样一种理性:反省、批判和论证。

5. 持守的课程自立。《礼记·儒行》:"力行以待取。"每一个人只有在自己的行动中,才能发现自己,才能向世界宣布他具有怎样的价值。课程自立是一个人认识到课程变革是自己的事,要有自己的立场、自己的创见,自持自守,不为外力所动,不随波逐流,进而"回到粗糙的地面"(维特根斯坦语),自觉参与到课程变革中来。课程自立本质上是在课程自知、课程自在、课程自为以及课程自省的作用之下,依靠自己的自觉和力量对课程实践有所贡献,并在此过程中逐渐提升自己的课程能力和专业成熟度,确证自己的"课程人"地位,成为"自己的国王"。

当我们有了清晰的课程自知、透彻的课程自在、积极的课程自为、深刻的课程自省以及持守的课程自立的时候,我们便作为"有创见的主体"主动地介入到课程设计、实施、评价与管理的全过程之中了,学校课程深度变革便自然而然地发生了。

费孝通先生说:"文化自觉是一个艰巨的过程。"让课程意识从"睡眠状态""迷失状态"到"自觉状态",也是一个艰难而痛苦的过程。可喜的是,本套丛书的作者秉持课程自觉之精神,聚焦特色课程建设,在课程自知、课程自在、课程自为、课程自省和课程自立方面掘进,迎来了课程变革的新境界!

杨四耕

2020 年 7 月 3 日于上海市教育科学研究院

目 录

第一章 学科课程群的背景分析 / 1

学科课程是学校课程的核心构成。学科课程标准需要进行校本化实施,学校的办学理念需要学科课程来承载,学科课程群的校本设计也就势在必行。课程标准、办学理念、教师队伍构成等诸多因素,也就自然而然地成了学科课程群设计的基本背景。只有对这些背景进行深入细致的分析,才能使学科课程群设计的目标定位合理、实施路径可行;才能从零碎走向整合,从一维走向多维,从历时性走向共时性。

┃ 范例 ┃

第二章　学科课程群的理念厘定　

　　学科课程哲学是对学科课程逻辑的合理性与合法性的前提性追问,是对学科课程的本质性理解,是教师对学科使命的价值判断。学科课程哲学具有稳定和变化的双重属性,是学科课程实践背后稳定的价值追求,是"为什么"的问题,是一种精神,是一种力量。它的形成需要经过长期的过程,同时在一段时间内指引学科课程实践,让教师和学生们在其指导下稳步地发展。同时,学科课程哲学是动态的扬弃过程,更是研究、构建的过程。

范例

第三章　学科课程群的目标设计　

　　学科课程目标是学科课程本身要实现的具体目标和意图,它有助于呈现学科课程编制者的意图,对课程设计、开发与实施具有导向作用。学科课程目标的设计,向上要考虑学校育人目标和课程目标的承接;向下要注意到学段目标和年段目标的分解。它们的关系是:学校育人目标是学科课程目标的前提,学校课程目标是学科课程目标的基本依据,明确学科课程年段目标是把握学科课程目标的标志。

范例

学科课程群设计从根本上来说是一种体系建构,也就是将纷繁复杂的学科内容进行结构化处理。只有我们理清了学科课程群的框架结构,学科课程才具有真正的整体性、清晰性。为了建构起适切的课程框架,我们需要深入研究国家学科课程标准,借助纵横分类的方法,进行内容分类,然后群策群力,推敲琢磨,提炼出学科课程的主题词,并以此为中心,自下而上,进行头脑风暴、研讨论证。

▌ 范例 ▌

第五章　学科课程群的实施考量　/ 113

学科课程群的设计是为了指导我们的课程实践。实施考量,就是将写在纸上的,落实到行动之中。学科课程实施要从宏观到微观全面思考。从宏观层面说,学科课程的实施路径与学校整体课程实施路径是一致的。从中观层面说,学科课程实施的策略是带有学科特色的,是要结合学科特点进行研究的。从微观层面说,任何学科课程转化为具体教学方案,都是指向具体教师的,是要考虑具体教师的教学能力、教学特色,甚至教学风格的。

▌ 范例 ▌

学科课程评价是价值判断的过程,其目的是检查学科课程目标、学科课程设计以及学科课程实施是否实现了预定的教育目的,实现程度如何,以判定课程之成效,并据此作出改进课程之决策的过程。学科课程评价的内容是全方位的,评价的方法是多样的。从发展趋势看,学科课程评价强调评价的情境性、真实性以及过程性,重视学生解决问题的过程,重视采用灵活多样的评价方法调动师生参与课程评价的积极性。

▎范例▎

细致、周密、严谨的学科课程管理是学科课程建设成功的根本保证。学科课程的建设不是自说自话的空中阁楼,学科课程建设是落地生根的常青树,是根植于学科教育实际的具体实践,是经得起时间考验的。学科课程管理要进行多角度、多维度、多层次、全方位的管理和服务:坚持学科课程理念的指导性原则;坚持团队在学科课程管理中的主体性;坚持制度建构在学科课程管理的核心地位;坚持教研聚焦在学科课程中的深度管理;坚持评价导航在学校课程管理的支架作用以及建立多样化的服务系统为教师创造性地实施课程搭建平台。

▎范例▎

序

2019 年 6 月,中共中央、国务院发布的《关于深化教育教学改革全面提高义务教育质量的意见》指出,义务教育质量事关亿万少年儿童健康成长,事关国家发展,事关民族未来。这是新时代党中央、国务院发布的促进义务教育优质发展的纲领性文件,鲜明地指出义务教育质量"事关国家发展,事关民族未来"。如何提高义务教育质量?文件进一步指出:"树立科学的教育质量观,深化改革,构建德智体美劳全面培养的教育体系,健全立德树人落实机制,……坚持面向全体,办好每所学校、教好每名学生;坚持知行合一,让学生成为生活和学习的主人。"这充分说明,义务教育质量的提升与否,取决于学校能为学生提供怎样的校园文化生活,关键取决于学校课程和教学质量的提升与否。

当前提升课程教学质量,需要解决两个问题:一是人才培养理念的转变,二是教育教学方式的转变,前者决定后者。从人才培养理念方面看,今天的教育更加强调立德树人,促进人的全面发展。特别是义务教育阶段,不能只瞄准中考分数的提高,更要为学生的终身发展打下基础,让学生实现德智体美劳全面发展;从教学方式转变方面看,今天的课程教学内容要体现时代性,教学手段方式要更加多样化、智能化,但教学方式转变的关键是"从教转变到学"。要以学生为主体,充分发挥学生的积极性、主动性和内在的潜力。当代教育,教师已经不是知识的唯一载体,也不是知识的权威,学生可以用各种媒体获得知识。教师的责任是要营造一个适合每一个学生发展的环境,帮助他们设计自己的学习方案,让学生自己探索、自己研究。当然课堂教学仍然是主渠道。教师仍然要钻研课程和教材,帮助学生设计好自己的学习方案。同时帮助学生组织开展有益的课外活动,让他们在活动中体会成长。为此,学校要营造一个自由的、舒适的、充满文化气息的学校环境,让学生充满生命的活力,校园中处处能见到学生生动活泼的身影。

课堂教学仍然是立德树人的主渠道。认真执行国家的课程标准,开发适合学校特点的校本课程。我常常讲,课程标准有三个层次:第一个层次是国家课程,是最高层次,体现了国家意志,是理想课程;第二个层次是开放课程,就是根据国家课程开发教材和辅助材料;第三个层次是实施课程,也就是老师进行的课堂教学,这是最关键的一个层次,关系到国家课程标准能不能落实。学校和老师在实施课程的时候,要认真研究国家课程标准的要求,并根据国家课程标准对课程进行整合,使它能促进学生德智体美劳全面发展,并形成学校的特色。

可喜的是,我初中的母校——江苏省南菁高级中学实验学校近年来在课程开发和课堂教学改革方面取得了一定的成果。我高兴地看到学校领导老师对课程的重视,他们在专家的引领下,基于新课程标准构建了各个学科的课程群。这一课程群从"背景分析"、"理念建构"、"目标设计"、"框架建构"、"实施考量"、"评价跟进"、"管理保障"7大板块进行整体建构,将国家课程进行二次开发,形成了适合学生学习的学科课程群。在学科课程群的整体建构中,充分考虑了学科育人价值的发挥,学科教与学方法的转变,课程实施更加强调学生的体验和探究,对学生的评价也改变了重结果轻过程的现象。在课程实施中,教师须逐渐成为学生学习成长的引路人,教师主要发挥对学生进行人格教育和学习方法引导的作用,让学生真正成为学习的主体。

《学科课程群设计方法》这本书是老师们进行课程开发、开展校本教研的阶段成果,体现了南菁实验学校重视育人转型、不断适应时代需要进行改革创新的发展理念。希望母校的老师们继续研究、实践和反思,在新一轮课程改革的工作中大胆探索,在更广的领域、更高的层面开展教育教学研究和实践,奉献出更新、更多的成果。我衷心祝愿母校的老师能在教书育人的伟大事业中成就学生,成就自己,为实现中华民族伟大复兴的中国梦多做贡献!

2020 年元月 4 日

前言 学科课程群设计的三大要点

　　课程建设是学校教学基本建设的重要内容之一。学校课程建设中,重中之重,又是学科课程建设。如何才能保证国家课程标准在学校学科实施层面得以落地,如何才能保证学校整体课程规划下各学科层面得以落实,这其中的枢纽,就是要立足国家课程标准和学校课程规划,做好本校的学科课程设计,设计出各学科校本化的课程建设方案,作为各学科的行动总纲。这样从学校层面,可以确保办学理念、育人目标、课程理念等顶层设计有可靠的支撑,同时,又保证各学科的老师在学科教学、课程开发等方面有一个行动指南。

　　江苏省南菁高级中学实验学校是一所既古老又年轻的学校。说其古老,因为落址于南菁书院旧址,有137年的历史;说其年轻,因为从恢复办学至今也才16年,独立建制才6年。学校在课程建设做过一些有益的探索,也曾被评为江阴市校本课程建设先进单位。但是离课程建设的高端标准还有相当的差距。为此,学校经过多方联系,2018年初,聘课程专家为学校课程建设顾问,在专家的指导下,学校首先完成了课程建设的顶层设计"菁华园课程"的框架与建构。按照这一框架下的指引,我校行政团队和各学科的组长,走上了一条学科课程设计的探索之路。本书正是我校老师们近两年来探索的智慧结晶。

　　本书试图通过理论加示例的方式,对学科课程设计各部分的操作进行讲解,然后以具体的学科课程建设方案进行印证,就完整的学科课程设计流程提供一个校本性的操作案例。

　　我校近两年的学科课程设计探索历程,在提升教师的理论素养和学科理念,增强教师的课程意识,拓宽教师的课程开发视野,促进各学科组学科文化的形成等方面,都取得了较好的效果。

　　整个学科课程设计的探索过程,有很多值得我们深入思考与理性探索的地方,结合当今教师发展现状和学科课程认识水平,我们认为进行学科课程设计,把握以下三大要点很关键。

一、 专家引领下的自下而上的操作，是学科课程群设计的基础。

我校的学科课程设计探索，比较成功的经验就是始终坚持了"专家引领下的自下而上操作"。

何谓"专家引领下的自下而上操作"？简而言之，就是专家指明方向，教师脚踏实地去行走。

上海市教科院杨四耕老师到校后，先是向所有参加学科课程群设计的老师们，讲解了学科课程群设计内容的七大板块——"背景分析"、"学科课程哲学"、"目标设计"、"框架建构"、"实施考量"、"评价建构"、"管理保障"；然后逐一要求老师们回到学科组进行全组讨论、自主建构。

为了推动各学科组能有效地进行学科课程群设计，学校教务部门和教科部门联合对学校教研组活动和学科组活动，提出了新的要求，那就是要扎扎实实地去研读课程标准，要认认真真地学习杨四耕老师提供的示例，要来来回回地研讨由组长草拟的方案。

对于老师来说，"提炼学科课程哲学"、"建构课程框架"两部分，相对比较难。为此，学校多次组织学科课程群设计小组组长之间的头脑风暴、研讨沙龙，各学科组相互评点，相互学习。对于大家在头脑风暴和研讨沙龙中遇到的问题，我们进行汇总，请杨四耕老师进行集中指导和个别指点。

整个过程，应该说是一个不断否定的过程。对于各位组长来说，自己辛辛苦苦思考的成果，一次又一次被否定，是极其痛苦的。但这一过程结束后，各位组长觉得那种"否定之否定"的磨砺，对自己的成长，尤其是思维能力的提升，还是益处多多。

这种自下而上的操作，再配以专家的指导，就使得整个学科课程群设计的过程，不再仅仅是一个完成学科课程群设计的过程，更是一个不断磨砺骨干老师、提升教师专业水平的过程。

二、 全员认真细致地研读课程标准，是学科课程群设计的关键。

课程标准是建构学科体系的基石。要想进行学科课程建设，深入研究课程标准是基础中的基础。学科课程群设计的过程，本质上说，就是学科组老师对国家学科课程标准进行细化性再理解的过程，是对国家课程标准三年一体化的安排进行三年六学期时空重组的过程，是立足学校课程规划对本学科课程标准进行校本化体系重构的过程。

为此，学校给每位老师购买了学科课程标准，并要求各教研组、学科组组织本组教师学习交流，逐条梳理出蕴含在课程标准中的"内容标准"、"表现标准"和"机会标准"，并且对年段进行细分，每一位老师都要充分发出自己的声音，进行学习分享，并最终围绕学校"菁美教育"，提炼出一个学科主题词，来凝聚本学科老师的课程共识。

杨四耕老师为我们研读课程标准提供了学术性指导。具体来说，就是教老师们要采取"拆分"、"合并"、"补充"等方式，对本学科的课程标准，要由薄读厚，再由厚读薄。

所谓由薄读厚，那就是把课程标准拆散，并结合教材、教参的有关内容对课程标准的相关表述进行补充完善，使课程标准上论述的主要能力点都转化为可以操作的微课程。

所谓由厚读薄，那就是按照纵横结构法，将上述微课程填写到纵向为时间轴，横式为课程标准内容划分维度形成的表格之中。

其实，当这一张表格形成了，学科课程群设计的主体就基本成型了。

三、 以课程链构架学科课程体系，是学科课程群设计的基本思维。

学科课程群设计从思维层面上来说，就是国家课程的一个校本化实施方案，这是变蓝图为施工方案的过程，其操作要点就是将笼统的国家课程转化为以一个个具体知识点、能力点、素养点为目标的微课程，然后用课程链的思维将这些微课程组建成学科课程群。

根据杨四耕老师的指导，我们才明白课程群是一个很专业的词汇，就是以特定的素养结构为目标,由若干门性质相关或相近的单门课程组成的一个结构合理、层次清晰、彼此连接、相互配合、深度呼应的连环式课程集群。

要组建课程群,首先就要运用"课程矩阵"来确定微课程与课程目标之间的交互效应,运用交互效应矩阵理论的运算方法,分析课程与目标之间的交互作用关系,以确定课程对目标支持程度的信息,获得建构课程群、优化课程体系的依据。优先发展对某项目标具有关键支持作用的课程,其次关注对某项目标具有重要支持作用的课程,最后再扫视对某项目标具有一般支持作用的课程,而与某项目标无关的课程则无须过多在意。

根据课程矩阵优先出关键课程之后,就用课程链将这些课程组合起来。所谓课程链,就是在课程矩阵中分析课程与课程之间的交互效应,确定学习一门课程对学习其他课程的影响作用,由此给出课程之间的关系,计算出课程的关联指数,获得课程间的依赖指数。依赖指数可以分为无、低、中、高4个等级,依赖程度高的课程一般应靠后安排,即"后续课程",而依赖程度低的课程既有可能是应提前开设的基础课程,也有可能是相对孤立可灵活开设的课程,即"前继课程"。"前继课程"与"后续课程"的链接构成"课程链"。最终在课程链的链接下,各学科的课程内部不仅自成整体,而且各学科课程之间也能有机地联系在一起。

总之,学科课程群设计,离不开专家先进理念的指引和科学方法的支撑,更离不开老师们在专家指导下,深入研读课程,积极设计出若干微课程,并系统地思考学科各微课程之间的联系。学科课程群设计只是学科课程建设的一个起点,未来实施与修正的路程还很漫长,我们还将继续努力走好未来各学科课程建设之路。

江苏省南菁高级中学实验学校校长

费玉新

2019 年 10 月

第一章

学科课程群的背景分析

学科课程是学校课程的核心构成。学科课程标准需要进行校本化实施,学校的办学理念需要学科课程来承载,学科课程群的校本设计也就势在必行。课程标准、办学理念、教师队伍构成等诸多因素,也就自然而然地成了学科课程群设计的基本背景。只有对这些背景进行深入细致的分析,才能使学科课程群设计的目标定位合理、实施路径可行;才能从零碎走向整合,从一维走向多维,从历时性走向共时性。

　　课程是立德树人根本任务最主要的载体,课程建设质量直接影响着学校育人目标的实现。毋庸置疑,学科课程是学校课程的核心构成,占据了90%左右的时间和空间,学科教师是落实立德树人根本任务的主力军。然而,很多教师都把学科知识与能力的教学作为重点,把学科育人的价值抛到了脑后,基本上都在"育分",而忘记了育人。在学校教育教学改革中,大部分老师对学科课程的建设还只偏重教学内容或者教学方式,学科课程内容随意化,只是片面追求内容量的扩大,所选择的课程也淡化了学科性质,这些不健全的学科课程建设必然不能健康长久地发展下去。因此,分析学科课程背景,发挥学科课程功能,是学科课程建设应该着力解决的问题。

　　我校课程团队从年龄结构上来讲,老中青兼有,结构合理,具有引领和可持续发展性。从教学经验上来讲,每一位教师都进行过至少一轮初中三年的教学大循环,对学科知识的熟练和内容的更新上能做到与时俱进。从教师自身能力来讲,化学、数学、英语学科获得荣誉的比例均过半,具备学科课程情境研究的能力。然而,其他学科却未到一半的比例,中青年教师有待规划明确的发展方向,立足于现状,各学科组要制定人才培养的方案,为教师提供平台,在学习中求发展,在思考中求前行,在前行中做学科课程研究。正因如此,我校学科课程体系正逐步完善。

　　一是从零碎走向资源整合的完善。我校开设了很多选修课,多年来积累了各种学科资源,各个学科对该学科衍生的课程资源非常了解,但是对学科课程的理解只停留在"课程资源的累积"。学科课程体系的完善,将对课程体系进行一系列的思考,让课程目标、课程体系、课程评价、课程管理等内容在真正意义上落实,进而让老师们明白课程资源与课程体系的差异。例如政治学科,根据学校课程建设的思想,提出了"向着美好奔跑"的政治学科课程思想,围绕学科课程理念构建了课程目标、课程体系、课程评价、课程管理等内容,实现了将零碎的资源进行系统整合的目标。以政治学科为示范,其他学科都进行了学科课程建设方案的撰写。

　　二是从单一维度走向多个维度的完善。课堂教学应该是立足于课标的多维度:知识与技能、过程与方法、情感态度价值观。到现在为止,我们的课堂虽然有一定的改革和改变,但是过程与方法、情感态度价值观这两个维度仍然没有被普遍重视。我校学科课程体系的完善,可以弥补这两个维度的缺失,加强落实"三维目标",学生、教师、课程实现"三位一体"。

　　三是从"历时性"走向"共时性"的完善。传统与现代的冲突,迫切需要学科课程形成普遍的"共时性关系",即学科的共时性,学科和学科间的共时性关系。我校围绕特定的学科课程内容和目标,以学科情境为媒介进行情感与信息的交流,形成一种外显的双向或多向的关系,这种关系为彼此间学科课程信息的发送、传递和交流提供了一个可操作的平台,从而增进了学科课程之间的"共时性"关联。

　　基于课程建设之实际,我校办学水平呈现美好的样貌。因国家统一课程的局限性,学校办学理念受到社会关注,学校办学质量需要走向更高的高度。为此,办学水平离不开学校理念,理念离不开学科课程建设。学科建设不是单项学科课程在进行建设,而是13个课程联合进行学科课程体系的归整,学科课程的研究与实施,每个学期从1—2个学科开始研究,发展为三年内每个学科都有课程完整呈现。各学科课程体系的完善将实现德、智、体、美的整合;将加强课内与课外的整合;将实现学校现有课程与未来课程架构的理想。学科课程的完善,课程体系的完整性,学生、教师、课程实现"三位一体"的目标,必将带动学校办学水平的提升。

（费玉新）

┃ 范例 ┃

智慧历史：立足多元背景的学科课程群设计

江苏省南菁高级中学实验学校历史学科组现有六位教师,其中两位教师教龄在30年左右,四位教师年龄均在35周岁以下,拥有江阴市历史学科中心组成员一名和无锡市教学新秀两名。我们历史学科组是一个团结、奋进的大家庭,老教师勇挑重担,自觉担负起传帮带职责;年轻教师积极进取、奋发有为,在各种教学比赛和基本功大赛中崭露头角,先后获得江苏省历史教师基本功比赛二等奖、"无锡市优质课评比一等奖"、"江阴市青年教师大比武一等奖"、"江阴市历史教师全员大比武一等奖"等荣誉,在认真教学的同时,我组教师还积极撰写教育教学的相关论文,有多篇论文在省市级论文评比中发表和获奖。我们根据《教育部关于深化课程改革,落实立德树人根本任务的意见》以及《义务教育历史课程标准(2016年版)》之要求,推进我校历史学科课程群建设。

学科课程背景　历史是文明的轨迹

历史是延伸的。历史是文化的传承、积累和扩展,是人类文明的轨迹。历史学科是当代中学生的必修课,既蕴含着民族优秀文化传统,也蕴含着时代发展的经验与教训。以史为鉴,批判地继承历史,不仅能提升学生的综合素养,也是我国社会文化发展的客观需要。在全面深化课程改革的大背景之下,我校新型的学科课程体系应运而生。

一、学校变革

我校是一所历史悠久的百年名校,学校坚持为国家民族培养未来强者的育人目标,以学生的终身发展为教育目标,重视培养学生的爱国精神和实践能力,注重学生全面发展。"自主为先"、"学科培优"、"审美熏陶"、"智勇兼备"是南菁教育的鲜明特色,"让文化引领学校发展"是学校的办学指导思想,"文化引领、质量为本、品牌建设、全面提升"是学校的发展战略。

我校一贯注重学生人文素养的培养,历史学科为培养学生的人文素养创设了广阔的空间,通过引导学生对历史相关课程的学习,不仅能提升学生的历史核心素养,同时能够帮助学生积淀丰富的人文素养,从而为我校学生的终身发展打下坚实的基础。

二、课程改革

《义务教育历史课程标准》指出:人类进入 21 世纪,经济全球化进程日益加快,世界范围内各种思想文化相互激荡,政治多极化趋势持续发展。在这种国际形势背景下,如何保持和发扬中华民族的优秀传统文化,激发学生的爱国主义情感,就成为历史教育不能回避的问题。与此同时,人文社会科学研究的不断深入,也对基础教育历史课程改革提出了新的任务。

从 2016 年秋季开始,江苏省无锡地区开始使用教育部审定的新教材。在此背景下,我校要对自己的教学方式和教学行为作出科学的调整,对实施新课程的教学途径作出新的思考,尽量满足学生的知识需求,尽可能地提升学生学习历史的能力,尽可能地挖掘历史教学的育人功能,为把学生培养成祖国 21 世纪的创新型人才作出自己应有的贡献。

目前,我校以十三五规划为契机,以"文化引领、质量为本、特色建设、创新发展"为发展战略,朝着更高的办学目标发展。南菁实验学校历史学科组将秉持与时俱进、不断创新的课程理念,研制课程建设方案,不断提升教师的教育教学水平,在课程建设上彰显南菁特色,为学校发展和学生成长贡献自己的力量。

学科课程哲学　学史可以明智

历史是人文社会科学中的一门基础课程,对学生的全面发展和终身发展有着重要的意义。历史(7～9年级)是义务教育阶段的必修课。通过历史课程的学习,学生获得历史基本知识和技能,初步了解人类社会历史发展的基本过程,逐步学会用历史唯物主义观点分析问题、解决问题;增强爱国主义情感,继承和发扬中华民族的优秀文化传统,树立民族自尊心和自信心;初步形成正确的国际意识,理解和尊重其他国家和民族所创造的文明成果;学习和继承人类的传统美德,从人类社会历史发展的曲折历程中理解人生的价值和意义,逐渐形成正确的世界观、人生观和价值观。

历史课程应突出体现义务教育的普及性、基础性和发展性,应面向全体学生,为学生进入和适应社会打下基础,为学生进一步接受高一级学校教育打下基础;历史课程应使学生获得基本的历史知识和能力,培养良好的品德和健全的人格;历史课程应避免专业化、成人化倾向,克服重知识、轻能力的弊端,不刻意追求历史学科体系的完整性;课程内容的选择应体现时代性,符合学生的心理特征和认知水平,减少艰深的历史理论和概念,增加贴近学生生活、贴近社会的内容,有助于学生的终身学习;历史课程改革应有利于学生学习方式的转变,倡导学生积极主动地参与教学过程,勇于提出问题,学习分析问题和解决问题的方法,改变学生死记硬背和被动接受知识的学习方式;历史课程改革应有利于教师教学方式的转变,树立以学生为主体的教学观念,鼓励教师创造性地探索新的教学途径,改进教学方法和教学手段,组织丰富多彩的教学实践活动,为学生学习营造一个兴趣盎然的良好环境,激发学生学习历史的兴趣;历史课程改革应有利于建立促进学生全面发展、激励教师积极进取的评价机制,历史教学评价应以学生综合素质为目标,采用灵活多样的评价方法,注重学生学习过程和学习结果的全程评价,充分发挥历史教学评价的教育功能。

一、 智慧历史： 我们的学科主张

如何引导学生通过历史课程的学习,对人类历史发展过程中的重大历史事件和重要历史人物产生正确的了解和认识,提高学生分析问题、解决问题的能力,增强学生的爱国主义情怀,帮助学生逐步确立正确的世界观、人生观和价值观,一直是我们贯穿始终的主要教学目标。培根说过一句话:"学史可以明智。"说通俗一点,学习历史可以使人智慧,可以使人变得更聪明。为什么能起到这个作用呢? 因为历史主要讲述发生在过去的中外重大历史事件、重要历史人物、重要历史概念及历史线索等。在其中你会学到很多知识,学到很多道理。如果你想使自己智慧,如果你想使自己变得更加聪明,就要认真学习历史。为此,我们提出"智慧历史"的学科主张:

1. "慧从史出":通过引导学生正确了解和认识重大历史事件和重要历史人物,汲取人类文明发展进程中的智慧,引导学生"以史为鉴",运用智慧去认识和理解问题,不断提升学生的历史素养。

2. "慧心体验":通过引导学生了解和认识祖国数千年文明发展,用"慧心"去发现中华文明的博大精深、源远流长及其对世界文明发展作出的杰出贡献,增强学生的爱国主义情怀。

3. "慧心感悟":通过引导学生学贯古今中外历史,感受数千年人类文明发展成果,感悟人类文明精髓,帮助学生逐步确立正确的世界观、人生观和价值观。

二、 智慧历史： 我们的学科旨趣

为更好地激发学生学习历史的兴趣,帮助学生理解性地掌握历史基础知识,达成历史学习的三维目标,我校提出历史学科课程核心理念——"智慧历史"。那么,"智慧历史"的智慧体现在哪里呢?

首先,"智慧历史"有助于学生的全面发展。司马光著《资治通鉴》,"鉴于往事,有资于治道",古往今来多少帝王将相、能人志士,大凡留贤名于后世者,莫不"以史为鉴"。中华文明源远流长,上下五千年的历史长河凝结了无穷的智慧,而数千年人类文明的进程也凝结了人类深邃的智慧,如果我们能引导学生从中汲取一二,我们的学生一定会终身受益。

其次,"智慧历史"有助于提高学生的历史思维能力。通过实施"智慧历史",引导学生进行问题思考、材料研读、情境体验,可以提高学生分析问题、解决问题的能力,帮助学生逐步形成对历史的正确认识,并提高学生正确认识现实的能力。

最后,"智慧历史"有助于丰富学生的学习经历。"智慧历史"拓展课程的学习包括"智慧寻访"、"智慧讲坛"、"智慧社团"、"智慧历史节"等学习活动,通过学习,可以丰富学生的学习经历,增强学生对历史的直观感受,使学生感同身受重大历史事件和历史人物故事,从而调动学生学习历史的积极性,提升学生的综合人文素养。

总之,我们把历史学科的课程核心理念命名为"智慧历史",我们希望,通过实施"智慧历史"学习,引导学生用"慧眼"去观察历史,用"慧心"去感悟历史,在历史学习中领悟人生智慧。

学科课程目标   把握认识和解决问题的钥匙

我们把历史学科课程建设的核心概念命名为"智慧历史",是基于历史学科核心素养的要求和新的义务教育阶段历史课程标准总体目标的规划。

历史学科的核心素养,主要包括:唯物史观、历史时空观、史料实证、历史解释、家国情怀五大核心素养。唯物史观,是揭示人类社会历史客观基础及发展规律的科学历史观和方法论;历史时空观,指对事物与特定时间及空间的联系进行观察、分析的观念;史料实证,是指对获取的史料进行辨析,并运用可信的史料努力重现历史真实的态度与方法;历史解释,是指以史料为依据,以历史理解为基础,对历史事物进行理性分析和客观评判的态度、能力与方法;家国情怀,是学习探究历史应具有的社会责任与人文追求。

由此观之,历史学科五大核心素养的形成都需要学生运用智慧去观察、去思考、去分析、去理解、去体验、去追求。通过"智慧历史"的学习,学生能够了解唯物史观的基本观点和方法,理解唯物史观是科学的历史观;能够正确认识人类历史发展的总趋势;能够将唯物史观运用于历史的学习与探讨中,并将唯物史观作为认识和解决现实问题的指导思想。通过"智慧历史"的学习,学生能够知道特定的史事是与特定的时间和空间相联系的;能够知道分割历史时间与空间的多种方式,并能运用这些方式叙述过去;能够按照时间顺序和空间要素,建构历史事件、人物、现象之间的相互关联;能够在不同的时空框架下理解历史上的变化与延续、统一与多样、局部与整体,并据此对史事作出合理解释;在认识现实社会时,能够将认识的对象置于具体的时空条件下进行考察。通过"智慧历史"的学习,学生能够知道史料是认识历史的唯一桥梁,了解史料的多种类型,掌握搜集史料的途径与方法;能够通过对史料的辨析和对史料作者意图的认知,判断史料的真伪和价值,并在此过程中体会实证精神;能够从史料中提取有效信息,作为重构历史的可靠证据,并据此提出自己的历史认识;能够以实证精神处理历史与现实问题。通过"智慧历史"的学习,学生能够区分历史叙述中的史实与解释,知道历史解释可以以不同形式出现在历史叙述中,并能对各种历史解释加以理解和评析;能够客观论述历史事件、历史人物和历史现象,有理有据地表达自己的看法;能够认识历史解释的重要性,学会从历史表象中发现问题,对历史事物之间的因果关系作出解释;面对现实社会与生活中的问题,能够以全面、客观、辩证、发展的眼光加以看待和评判。通过"智慧历史"的学习,学生能够从历史的角度认识中国的国情,具有家国情怀,形成对祖国的认同感;能够认识中华民族多元一体的历史发展趋势,形成对中华民族的认同感,具有民族自信心和自豪感;了解并认同中华优秀传统文化,认识中华文明的历史价值和现实意义;认同社会主义核心价值观,树立道路自信、理论自信、制度自信和文化自信;了解世界发展的多样性,理解和尊重世界各国、各民族文化传统,形成广阔的国际视野;能够确立积极进取的人生态度,塑造健全的人格,树立正确的世界观、人生观和价值观。

一、学科课程总体目标

《义务教育历史课程标准》规定了学生在"知识与能力"、"过程与方法"、"情感态度与价值观"三个方面应达到的总体目标。内容标准规定了学生在上述三个方面应达到的具体目标。

(一) 知识与能力

掌握基本的历史知识,包括重要的历史人物、历史事件和历史现象,以及重要的历史概念和历史发展的基本线索。

在掌握基本历史知识的过程中,逐步形成正确的历史时空概念,掌握正确计算历史年代、识别和使用历史图表等基本技能,初步具备阅读、理解和通过多种途径获取并处理历史信息的能力,形成用口头和书面语言,以及图表等形式陈述历史问题的表达能力。

形成丰富的历史想象力和知识迁移能力,逐步了解一定的归纳、分析和判断的逻辑方法,初步形成在独立思考的基础上得出结论的能力;初步了解人类社会是从低级向高级不断发展的、历史发展是有规律的等科学的历史观,学习客观地认识和评价历史人物、历史事件和历史现象的途径和方法。

(二) 过程与方法

历史学习是一个从感知历史到积累历史知识、从积累历史知识到理解历史的过程。通过课堂学习和课后活动,逐步感知人类在文明演进中的艰辛历程和巨大成就,逐步积累客观、真实的历史知识;通过收集资料、构建论据和独立思考,能够对历史现象进行初步的归纳、比较和概括,产生对人类历史的认同感,加深对人类历史发展进程的理解,并做出自己的解释。

注重探究式学习,勇于从不同角度提出问题,学习解决历史问题的一些基本方法;乐于同他人合作,共同探讨问题,交流学习心得;积极参加各种社会实践活动,学习运用历史的眼光来分析历史与现实问题,培养对历史的理解力。

(三) 情感态度与价值观

逐渐了解中国国情,理解并热爱中华民族的优秀文化传统,形成对祖国历史与文化的认同感,初步树立对国家、民族的历史责任感和历史使命感,培养爱国主义情感,逐步确立为祖国的社会主义现代化建设、人类和平与进步事业做贡献的人生理想。

形成健全的人格和健康的审美情趣，确立积极进取的人生态度、坚强的意志和团结合作的精神，增强承受挫折、适应生存环境的能力，为树立正确的世界观、人生观和价值观打下良好的基础。

在了解科学技术给人类历史发展带来巨大物质进步的基础上，逐步形成崇尚科学精神的意识，确立求真、求实和创新的科学态度。

了解历史上专制与民主、人治与法治的演变过程，理解从专制到民主、从人治到法治是人类历史发展的必然趋势，不断强化民主与法制意识。

了解人类社会历史发展的多样性，理解和尊重世界各国、各地区、各民族的文化传统，学习汲取人类创造的优秀文明成果，逐步形成面向世界、面向未来的国际意识。

二、 学科课程年段目标

为了更好地实现学科的总体课程目标，我们结合义务教育历史课程目标，制订了我校历史学科课程的年段目标（见表 1-1）。

表 1-1　历史学科课程的年段目标

年段	学期	学科课程目标
七年级	七年级上、下	通过课程学习，知道北京人的特征，化石是研究人类起源的主要证据；知道考古发现是了解史前社会历史的重要依据；知道黄帝、炎帝的传说故事；知道从老子、孔子到康熙等中国古代的重要历史人物，知道春秋诸侯争霸、商鞅变法、丝绸之路、郑和下西洋到清代的闭关锁国等历史事件，以及从春秋时期"百家争鸣"到清代"文字狱"等历史现象，知道以"四大发明"为代表的中华科技成就，知道从《史记》、唐诗、《清明上河图》到"四大名著"中的中华优秀文化作品；了解中国古代历史发展的基本线索；能够阅读普及性的历史读物，识读历史图表，知道古代纪年方法，正确计算历史年代，描述历史事件，初步了解学习历史知识的基本技能和方法；增强学习历史的兴趣，激发民族自豪感，树立民族自尊心和自信心，加深对中国历史文化的认同感。
八年级	八年级上	通过课程学习，了解以林则徐、康有为、梁启超、严复、孙中山、陈独秀、李大钊、鲁迅、毛泽东等中国近代重要的历史人物。了解以鸦片战争、太平天国起义、中日甲午海战、戊戌变法、抗击八国联军、辛亥革命、中华民国建立、五四运动、中国共产党成立、北伐战争、南昌起义、红军长征、抗日战争、解放战争等为代表的重大历史事件。了解洋务运动、新文化运动、土地改

年段	学期	学科课程目标
		革等历史现象,了解中国近代历史发展的基本线索。能够初步阅读、理解和归纳一些基本的历史材料,从不同角度思考和解释历史问题;认识外国列强的侵略、没落的封建专制制度和综合国力的衰弱是中国一步步沦为半殖民地半封建社会的根本原因;认识抗击外来侵略、捍卫国家主权和民族尊严是中华民族的优良传统;树立民族自尊心和自信心,进一步增强爱国主义情感,知道没有中国共产党就没有新中国的道理,坚定为中华民族复兴而奋斗的信念。
	八年级下	通过课程学习,了解以毛泽东、周恩来、邓小平等为代表的中国现代史的重要历史人物,了解中华人民共和国成立、抗美援朝、三大改造、大跃进、文化大革命、改革开放、香港和澳门回归等重大历史事件、历史现象和历史发展的基本线索;能够阅读基本的历史文献资料,学会社会调查的基本方法,能运用所学知识分析和解释历史问题;了解我国的基本国情,认识社会主义现代化建设是一个曲折漫长的过程,能从社会的不断进步和发展中体会到坚持中国共产党领导的重要性,坚定建设中国特色社会主义社会的信念。
九年级	九年级上	通过课程学习,知道古埃及法老与金字塔、古巴比伦汉谟拉比法典、古印度种姓制度与释迦摩尼的佛教、古希腊城邦与雅典民主、亚历山大远征、古罗马帝国、希腊罗马古典文化、法兰克王国、西欧庄园、查士丁尼法典、基辅罗斯、古代日本与大化革新、伊斯兰教与阿拉伯帝国等等世界古代史上重要的历史人物、历史事件和历史现象,了解世界古代史发展的基本线索;辩证地看待人类社会不断发展和进步的总体趋势;感悟人类文明的多元性、共容性和发展的不平衡性;认识到世界各地区、各民族共同推动了人类文明的进步,他们创造的文明成就是人类的共同财富;树立正确的国际意识,培养理解、尊重和吸收其他民族文化精华的开放态度。 通过课程学习,了解近代文艺复兴和新航路产生的深远影响;通过对英法美资产阶级革命过程及影响的了解,认识资本主义社会制度的历史进步性;通过对工业革命的学习,使学生认识科技进步的巨大作用;通过对马克思主义诞生和国际工人运动兴起的学习,认识马克思主义诞生的重大历史意义。
	九年级下	通过对殖民地人民的反抗和资本主义制度扩展的学习,认识资本主义社会制度的野蛮性、贪婪性和扩张性;通过对第二次工业革命和近代科学文化的学习,使学生认识科技发展对人类文明进程的巨大推动;通过对两次世界大战的学习,初步形成历史进步意识、历史正义感、热爱和平的观念和以人为本的价值观;通过对二战后世界变化的了解,培养学生以实事求是的科学态度理解和分析历史与现实问题,增强国际意识,以开阔的视野、开放的心态看待世界,吸纳人类共同创造的文明成果,了解当代世界的多样性、多元性和复杂性,树立忧患意识,增强历史使命感和社会责任感,立志为促进人类进步事业奉献自己的力量。

学科课程体系　建立时序发展框架

　　义务教育阶段历史课程的总体设计思路是：面向全体学生，从培养学生的历史素养和人文素养出发，遵循历史教育规律，充分发挥历史教育功能，使学生掌握中外历史基础知识，初步学会学习历史的方法，提高历史学习能力，逐步形成对历史的正确认识，并提高正确认识现实的能力，达到课程目标的要求。

一、学科课程结构

　　义务教育历史课程分为中国古代史、中国近代史、中国现代史、世界古代史、世界近代史、世界现代史六个学习板块。依据课程标准关于课程内容整体框架"要建立在时序发展的基础上"的基本理念，以及历史学科核心素养和我校学生特质，我校的"智慧历史"课程由"灿烂古代"、"激荡近代"、"风云现代"三个部分构成，另外"纵横古今"以讲座形式帮助学生更好地感悟古今历史。

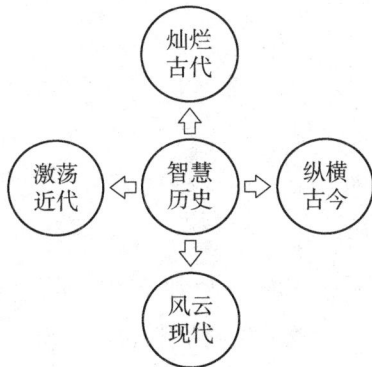

```
              ┌──────┐
              │ 灿烂 │
              │ 古代 │
              └──────┘
                 ↑
┌──────┐    ┌──────┐    ┌──────┐
│ 激荡 │ ← │ 智慧 │ → │ 纵横 │
│ 近代 │    │ 历史 │    │ 古今 │
└──────┘    └──────┘    └──────┘
                 ↓
              ┌──────┐
              │ 风云 │
              │ 现代 │
              └──────┘
```

（一）"灿烂古代"

"灿烂古代"包括中国古代史和世界古代史两部分，中外都创造了灿烂文明。中国古代史涵盖了从史前时期至鸦片战争前的历史;世界古代史则从亚非欧古代文明开始延续至中世纪结束。在"智慧课堂"之外,根据古代史中的历史人物、历史故事开展"智慧社团"、"智慧讲坛"等系列拓展课程学习,举办"智慧历史节"等活动;结合江阴地方史开展与春申君黄歇、高城墩遗址相关的"智慧寻访"活动。

(二)"激荡近代"

"激荡近代"包括中国近代史和世界近代史两部分,不管是近代中国还是近代世界都处于剧烈的转型时期,激荡起伏。在"智慧课堂"之外,根据近代史中的历史人物、历史事件以及南菁校史开展"智慧讲坛"这一拓展课程,结合江阴地方史开展参观刘天华故居、江阴要塞旧址、"渡江第一船"等相关的"智慧寻访",策划举办"鉴古知今,学史明志"、"渡江战役在江阴"等大型展览活动。

(三)"风云现代"

"风云现代"包含中国现代史和世界现代史两部分,这一时期,世界局势风云变幻,中国则历经风雨,从新生走向成熟。在"智慧课堂"之外,根据学生寻访讲述"我的家族故事",结合江阴地方史开展与江阴长江村、"远望号"测控船有关的"智慧寻访"活动,结合两次世界大战开设"战争与和平"系列的"智慧讲坛"。

除了上述三个部分,我们还以开设讲座的形式讲历史。讲座的内容以"纵横古今"为主题,将古今历史融合,让今天的学生能够切身感知过去的历史。如根据南菁校史展开的"智慧讲坛"将 1882 年南菁书院成立以来的变迁史呈现出来,学生漫步菁园,能够感受到历史的流淌。

其中,"智慧课堂"是主要学习方式,通过学习,帮助学生构建基本的时空观念,逐步提高学生分析问题、解决问题的能力,培养学生"论从史出"、"以史为鉴"的历史意识,帮助学生逐渐形成正确的人生观、价值观和树立民族自信;"智慧社团"、"智慧寻访"、"智慧讲坛"和"智慧历史节"是拓展课程学习,通过对这些拓展课程的学习,进一步提高学生的史料实证、历史理解、历史解释能力,进一步帮助学生确立热爱家乡、热爱祖国的爱国情怀。

二、 学科课程设置

除了基础课程之外,我校"智慧历史"还设置了系列拓展课程,具体课程设置如下(见表 1－2)。

表 1－2　"智慧历史"拓展课程设置表

年级 \ 内容		灿烂古代	激荡近代	风云现代
七年级	上	菁园历史大舞台:尧舜禹与禅让、武王伐纣、从流亡者到霸主——晋文公、荆轲刺秦王。 智慧讲坛:中国神话故事、季札与江阴、春秋战国成语故事、三国故事、春秋五霸、战国四公子、汉初才俊。 智慧寻访:春申君黄歇与江阴研究、高城墩遗址探秘。	智慧讲坛:南菁校史学习。	智慧寻访:我的家族变化。
	下	菁园历史大舞台:文成公主、岳飞之死、郑和下西洋、火药的发明。	智慧寻访:探访刘天华故居。	智慧寻访:参观江阴长江村。
八年级	上	智慧讲坛:女性历史人物(吕后、武则天、李清照、孝庄)。	智慧讲坛:中国近代化探索研究、南菁校史学习。 智慧寻访:参观江阴要塞旧址、刘天华故居探访、探访"渡江第一船"; 历史专题报告会"抗战中的江阴保卫战"; "鉴古知今,学史明志(1840—1949)"图片展。	智慧讲坛:"我的家乡"——改革开放以来江阴的变化。
	下	智慧讲坛:清朝皇帝(康熙、雍正、乾隆)。	探访"渡江第一船"、"渡江战役在江阴"图片展。	智慧寻访:参观江阴长江村——了解改革开放的变化,参观"远望号"测控船——了解新中国海军的发展。

续表

内容 年级		灿烂古代	激荡近代	风云现代
九年级	上	智慧讲坛：文明古国揭秘、古希腊神话。	智慧讲坛：文艺复兴中的大师们。	智慧讲坛：列宁、罗斯福。
	下	智慧讲坛：凯撒、亚历山大。	智慧讲坛：华盛顿、拿破仑。	智慧讲坛：第二次世界大战评析。

学科课程实施　从历史中汲取智慧

历史学科课程与教学就是要引导学生"从历史中汲取智慧"，从而为学生主动适应未来社会打好基础。为此，学科课程将从创设"智慧历史"课堂、举办"智慧历史社团"等方面打造多元化学习途径。

一、建构"智慧课堂"，落实学科基础课程

"智慧课堂"是我们引导学生学习历史知识的主要学习方式，我们将运用视频学习、教师讲解、学生合作探究、问题探究、材料研读等多种学习方式引导学生了解、认识、理解古今中外的重大历史事件和重要人物故事，引导学生从历史的长河中汲取智慧。

（一）"智慧课堂"的特征与操作

"智慧课堂"具有趣味性、前瞻性、启发性等学科特征，对于学生融入社会和终身发展具有重要的启发意义和借鉴意义，为更好地实施"智慧课堂"，我们将进行如下操作：

1. 精心设计导入，紧扣学生心弦。上课伊始，我们将通过精选视频、设计精彩的导入语或画面等方式吸引学生迅速进入课堂学习状态，从而创设一个良好的开端。

2. 充分发挥教师语言功能,吸引学生关注课堂。教师在教学过程中语言凝练且富有幽默感,使学生在愉悦的氛围中感受学习历史的趣味性。

3. 运用多种学习方式进行学习,维系课堂教学的趣味性。通过视频学习等方式引导学生学习,增强历史教学的直观性;通过课堂讨论、课堂辩论等方式组织学生进行学习,调动学生参与学习的积极性和主动性;通过教师生动讲述,使学生感受历史学习的趣味性。

4. 充分挖掘课堂学习中的智慧元素,引导学生"以史为鉴",从对历史的学习中汲取智慧。

5. 通过材料研读和问题探究,提升学生历史学习素养。精选材料,引导学生"论从史出",提高学生的阅读能力和分析能力;精心设计问题引导学生深入探究,提高学生分析问题、解决问题的能力。

6. 升华课堂,感悟人生智慧。精心设计每课一悟,引导学生感悟历史现象与现实生活之间的联系,帮助学生实现智慧人生目标。

(二)"智慧课堂"的评价标准

对"智慧课堂"的评价从教学设计、学习过程、学习效果三方面进行评价,尤其注重对学习效果的评价,既关注学生的学习结果,更关注学生在学习过程中的发展和变化,最后通过综合评价进行总结和提出改进意见,具体评价内容如下(见表1-3)。

表1-3　江苏省南菁高级中学实验学校"智慧课堂"评价表

学校		班级		授课老师			
课题		时间		观课老师			
项目	要　　点			优秀	良好	一般	较差
教学设计	① 教学目标设置合理,教学内容准确,容量合适,教学结构清晰。						
	② 教学策略与资源选择适当,注意到课堂的预设和生成。						

项目	要　　点	优秀	良好	一般	较差
学习过程	① 教师对学习主题阐述通俗易懂,重点突出,学习过程得到合理监控。				
	② 教师有丰富的策略技巧,尤其注重通过创设情景激发学生的学习兴趣,以提问技巧激发学生思考与讨论。				
	③ 教师提供了思考型的练习,包括学习策略的明确与制定、合适的练习任务、明确有效的辅导等。				
	④ 学生能认真倾听并适当做笔记,积极思考,大胆回答和提出问题,学习积极性被充分提高。				
	⑤ 学生净学习时间的比例较高,即学生阅读、思考、讨论和回答问题的时间较多。				
学习效果	① 学生形成了相互尊重、自觉遵守制度、承担责任、公正合理以及相互帮助的学习氛围。				
	② 学生个体得到促进,不同层次的学生均有收获。				
	③ 学生已经清楚这节课的主要内容,能用自己的话解释、表达主要知识和概念,能用历史唯物主义观点和辩证思维的方法思考、解决问题。				
综合评价	教学特色				
	改进建议				
	总评	优秀	良好	一般	较差

二、 建设"智慧学科",丰富学科拓展课程

初中阶段学生的认知水平主要局限在感知阶段,要想提高学生对历史的认知水平,使学生更多地从历史的学习中获取智慧,还必须丰富历史学习的内容,拓展历史学习的途径。

（一）"智慧学科"的建设路径

为了拓展学生学习历史的空间,帮助学生逐步确立正确的唯物史观,更好地了解和认识重大历史事件、重要历史人物对人类历史进程的重要影响,我校历史学科组还注重拓展课程的开发,多方面开发和利用校内外历史课程资源,建设"智慧学科"。

学科组充分利用学校图书馆资源,引导学生进行"智慧阅读",如著作、历史刊物、历史文物图册、历史地图、历史图表、通俗历史读物、历史小说、科学技术史、考古和旅游等方面的读物,丰富学生的社会、人文知识,加深学生对课程内容的理解,提升学生智慧。

此外,学科组还充分利用历史学科和音乐、美术、语文、物理、化学等学科的知识交叉点,进行历史与音乐、历史与美术、历史与语文、历史与物理、历史与化学等拓展课程的学习,建构"智慧学科"体系,通过引导学生进行跨学科学习,帮助学生提高综合学习的能力,建构起完整的知识体系。

（二）"智慧学科"的评价要求

"智慧学科"作为"智慧历史"的拓展性课程学习,具有自觉性、综合性等特点,因此,对学生的学习评价应该采取灵活多样的评价方式,我校采取历史习作、教师观察、学生自评与互评等方式对学生的学习成果进行客观评价,评价的结果及时反馈给学生,以便学生及时改进,促进学生的学习。

1. 作品评价法:对学生的"智慧阅读"主要采取历史习作的评价方式,引导学生撰写历史小论文、历史书籍读后感、历史短剧剧本等。教师对学生的历史习作采取打分制,分 A、B、C、D 四个等级,作为期末对学生终结性评价的依据之一。

2. 表现评价法:对学生的历史跨学科学习,则采取教师观察与学生自评相结合的方式进行评价。教师对学生在"智慧学科"中的学习情况做量化记录,作为对学生进行终结性评价的依据之一;学生在期末对自己在"智慧学科"学习过程中的各项表现进行自我评价,并由小组成员对其进行评价,从而成为期末终结性评价的依据之一。

三、 建设"智慧社团"，浓厚历史学习兴趣

"智慧社团"活动包括历史专题报告会、历史题材的相关影视学习、历史故事会、历

史舞台剧表演等活动。通过引导学生听取"抗战中的江阴保卫战"、"渡江第一船"等历史专题报告会,加深学生对家乡的认识,增强学生的家国情怀;通过引导学生进行影视学习,增进学生的感官认识,激发学生学习历史的兴趣;通过举办历史故事会,提高学生的语言表达能力,增进学生对历史的感悟;通过组织历史舞台剧的表演,使学生在历史的情境中感悟历史,逐步形成对历史的正确认识。

(一)"智慧社团"的活动平台

依据历史课程标准,结合我校学生实际情况,我校相继成立了"史学爱好者"、"我爱大中华"、"历史记者团"、"正义者同盟"、"光影星播客"等历史社团,通过展开丰富多样的活动和学习,帮助学生从活动中进一步汲取历史的智慧,进一步深化对历史的学习。

1. 历史专题报告会。我们紧密配合形势教育,举行各种重大节日的纪念活动、学校德育工作、历史课堂教学等,举办专题讲座或专题报告,尽可能在年级或全校范围内进行,使更多的学生受到教育。为了具体地、形象地、直观地对学生进行爱国主义教育,我们举办了"渡江战役在江阴"图片展和"鉴古知今,学史明志(1840—1949)"图片展。先后组织多名学生参观。这种大型图片展览,图文并茂,解说简明、生动,学生乐于接受。

2. 影视学习。为了深化课堂教学内容,我们陆续播放了《中国民主革命的先行者——孙中山》、《先驱者之歌》、《屠城血证》等十几部历史文献片和电影,学生观看人数达千人以上。近年来,随着中学历史教材的不断完善,文化史的内容显著增加。这不仅有利于进行爱国主义教育,而且也为美育提供了丰富的素材。如在讲授三国两晋南北朝时期的文化时,选播了10分钟"云冈石窟"的录像片,把石窟艺术的雄奇、精美的画面展现在学生面前,使学生置身于艺术的海洋之中。这次活动,把知识传播、智能培养、思想教育、美育和文化娱乐融为一体,受到学生的喜爱。

3. 历史故事会或演讲会。这项活动富于趣味性、知识性、思想性和竞争性,适应初中学生喜欢在活动中显示自己的心理特点。这项自我教育活动,能使学生增强参与意识,并从思想感情上进入"角色",受到深刻的教育。即使对其他观看的学生,所得到的感受也要比教师讲授亲切,从而取得更佳的效果。

4. 组员根据指导教师要求,广泛阅读与教材相关的课外教材、经典著作、通俗读物、报纸杂志、网络文章等等,要求做必要摘抄、评论。小组每两周集中一次,指导教师布置活动内容,师生一起交流读书心得,讨论共同感兴趣的问题,互相推荐好文章。

5. 菁园历史大舞台。我校针对七年级学生设置"智慧历史"——菁园历史大舞台课程,旨在引导学生通过演绎历史情景剧,使学生穿越时空隧道,真实感受重大历史事件,把"死"的历史变成"活"的历史,从而使学生在"再现历史"的过程中以"慧心"去感悟历史,从中获得历史学习的乐趣和智慧。

表演内容:菁园大舞台以中国古代重要历史事件和人物为题材,由教师和学生编辑剧本,由学生排练并表演。

表 1-4　表演内容

相关学段	表演内容
七年级上	尧舜禹与禅让、武王伐纣、从流亡者到霸主——晋文公、荆轲刺秦王。
七年级下	文成公主、岳飞之死、郑和下西洋、火药的发明。

(二)"智慧社团"的评价要求

对"智慧社团"展开的各种活动采取学生自评、互评和教师评价相结合的方式进行评价,采用等级制进行评价,详见下表 1-5。

表 1-5　"智慧社团"评价表

社团名称:　　　　　　　　辅导教师:
评价时间:

评价项目	评价标准	评价结果			
		个人评	同学评	教师评	总评
情感态度	1. 参与活动				
	2. 提出活动的设想、建议				
	3. 克服困难和挫折				

评价项目	评价标准	评价结果			
		个人评	同学评	教师评	总评
合作交流	1. 帮助同学				
	2. 倾听同学的意见				
	3. 对班级和小组的学习有贡献				
实践能力	1. 会用多种方法收集、处理信息				
	2. 动脑、动口、动手参与				
	3. 会与别人交往				
	4. 学习、研究方法多样				
成果展示	1. 活动过程记录				
	2. 演示、汇报				
	3. 成果有创意				

（注：评价结果分 A、B、C、D 四个等级，A 表示好，B 表示较好，C 表示一般，D 表示尚可。）

四、创设"智慧讲坛"，丰富历史学习机会

我校针对初中三个阶段学生设置"智慧历史"——菁园百家讲坛，旨在通过讲述历史典故，拓展学生历史知识，提升学生讲述历史和点评历史的能力，从而使历史学习更具活力和魅力，也使学生从中感悟到历史学习的"智慧"。

（一）"智慧讲坛"的主要内容

"智慧讲坛"以古今中外的重大历史事件和重要历史人物为题材，主要选择与国家课程相匹配的内容作为拓展课程引导学生进行学习，旨在通过"智慧讲坛"的学习，加深学生对"智慧课堂"的理解和认识，同时也通过"智慧讲坛"的学习，进一步提升学生自主学习的能力，具体内容见表 1-6。

表1-6 "智慧讲坛"讲谈内容

相关学段	讲谈内容
七年级上	中国神话故事、季札与江阴、春秋战国成语故事(管鲍之交等)、三国故事(火烧赤壁等)、春秋五霸(齐桓公、宋襄公、晋文公、秦穆公和楚庄王)、战国四公子(魏无忌、赵胜、黄歇、田文)、汉初才俊(韩信、萧何、张良、陈平)。
七年级下	女性历史人物(吕后、武则天、李清照、孝庄)、清朝皇帝(康熙、雍正、乾隆)。
八年级上	中国近代化探索研究、南菁校史学习。
八年级下	说说改革开放前后江阴城的变化。
九年级上	古希腊神话故事、世界历史人物(凯撒、亚历山大)。
九年级下	战争与和平(一战和二战中相关史事)。

(二)"智慧讲坛"的课程评价

"智慧讲坛"分"教师讲坛"和"学生讲坛"两种形式,"教师讲坛"模拟"百家讲坛"形式,主要通过教师的生动讲述,提高学生学习历史的兴趣,丰富历史学习的内容;"学生讲坛"每次由1—2位学生制作PPT课件并结合课件内容进行讲述,讲述内容选择与"智慧课堂"有联系的历史人物或历史事件,通过学生讲述,提高学生的历史素养。

"智慧讲坛"主要对"学生讲坛"进行课程评价,主要采取学生互评和教师现场评价和总结性评价三种评价形式。

一是学生互评:采取现场评价方式,由参与课程学习的学员对讲述者的"现场效果"、"课件制作"、"口语表达能力"、"内容丰富度与准确度"四个方面进行评价(学生在相应栏目打√),见表1-7。

表1-7 "智慧讲坛"学生互评表

评价角度 学生评分	现场效果	课件制作	口语表达能力	内容丰富度与准确度
一般				
较好				
很好				

二是教师现场评价：教师依据学生的课件制作情况、口语表达能力、内容丰富度与准确度、讲述现场效果作当场评价并作相应指导。

最后，期末由教师主持进行总结性评价，依据学生在学期中的表现评出最佳学员，并由教师对下学期如何进行百家讲坛讲述提出指导意见。

五、 推行"智慧寻访"，拓展历史学习空间

《义务教育历史课程标准》关于课程资源开发有这样的建议："历史学科所具有的独特性质，使其拥有丰富的课程资源。这些资源包括文字资料、影视资料、历史文物、历史遗址遗迹等，可通过文化机构、传播媒体、学校、社区、参观访问和网络等多种渠道获得。"

江阴具有悠久的历史，有着丰富的历史文化传承，通过引导学生进行历史遗迹探究、名人故居探访等社会实践活动，有利于拓展学生学习历史的空间，丰富学生历史学习的内容，提高学生的历史理解能力，激发学生学习历史的兴趣。

(一)"智慧寻访"的主要内容

"智慧寻访"以对江阴的发展产生深远影响的重要考古发现、重要历史人物、重大历史事件为寻访对象，通过引导学生考证历史遗迹，了解和研究江阴历史上的重大历史事件和历史人物，拉近学生与历史的距离，帮助学生从多角度了解历史，由此提高学生综合运用历史知识分析和解决问题的实践能力，见表1-8。

表1-8 "智慧寻访"相关活动

相关学段	相关活动
七年级上	春申君黄歇与江阴研究、高城墩遗址探秘。
八年级上	刘天华故居探访、江阴要塞旧址参观、参观"渡江第一船"了解渡江战役往事。
八年级下	参观江阴长江村——了解改革开放的变化，参观"远望号"测控船——了解新中国海军的发展。

(二)"智慧寻访"的课程评价

"智慧寻访"活动以提高学生学习的实践能力为着手,注重对学习过程的评价,具体评价方式见表1-9。

表1-9 "智慧寻访"评价表

评价维度	评价内容	评价标准	评价方式
过程性评价	学生参与社会实践活动过程的积极性	积极参与社会实践活动,认真记录整理研学过程的知识。	1. 根据学生社会实践活动中的阶段表现,结合积极性、参与度等,划分等级进行记录。 2. 按照活动小组的分工要求,对照实施标准,对活动组织的各个环节进行检测,根据活动完成情况,对活动进行过程评估。 3. 举办社会实践活动评比展示,记入学生成长记录袋中,其结果纳入综合素质评价体系。 4. 通过问卷调查和座谈等方式,向参与单位、学生家长、志愿者、服务合作部门等针对实践活动的效果进行评估。
	学生在社会实践活动过程中资料收集、记录和整理		
目标性评价	活动完成的情况	教师的工作以及学生的活动完成能符合社会实践活动师生共同制定的目标。	
	教师工作的有效性评价		
发展性评价	学生参与社会实践活动之后的收获	在社会实践活动中同时提升自我效能感以及成就感,实现活动课程认知的深度体验。	
	社会实践活动认知体验及情感体验		

六、 创设"智慧历史节",掀起历史学习高潮

我校每年在12月中旬都举办"校园艺术节"活动,届时会有小品、舞台剧表演等众多艺术表演形式的展示,我们借此机会开展"智慧历史节"活动,引导学生通过相声、小品、舞台剧表演、历史小辩论等表演方式把历史学科的魅力展现给广大师生,以生动的表演打动学生,以深邃的历史内涵吸引学生,从而掀起学生学习历史的高潮。

(一)"智慧历史节"的主要内容

"智慧历史节"以重大历史事件和重要历史人物为题材,学生自编自演,通过各种艺术表现形式展现,主要有历史舞台剧表演、历史题材相声作品表演和历史小辩论等。

1. 历史舞台剧:历史舞台剧以"智慧课堂"学习内容为基础,由学生自编自演,自活动开办以来,学生相继表演了"大禹治水"、"荆轲刺秦王"等舞台剧,极大地激发了学生学习历史的兴趣。

2. 历史相声作品:部分作品取材于经典相声段子,也有部分内容由学生依据一定历史故事情节进行编辑,自活动开展以来,相继表演了"关公战秦琼"、"批三国"、"游击小英雄"等相声作品,表演风趣、幽默,深受学校师生喜爱。

3. 历史小辩论:在"智慧课堂"的学习中,学生往往会对某些历史知识和现象表示质疑,"历史小辩论"这种活动形式的展开,弥补了课堂教学的漏洞和不足。自活动开展以来,我校进行了"历史的趋势是分裂还是统一"、"元代之后还有没有汉文化"、"戏说历史可取不可取"等历史小辩论,深受学生好评。

(二)"智慧历史节"的课程评价

在每年的"智慧历史节",学校都会组织教师对学生的各种表演和活动进行评比,主要分对表演类节目的评比和历史小辩论活动的评比。

1. 表演类节目评价

对学生的表演类节目采取打分制评比(100分制),见表1-10。

表1-10 "智慧历史节"表演类节目评价表

表演相关方面	表演情况	得分
一、主体方面 (50分)	1. 主体不鲜明	0—40分
	2. 主体鲜明但平淡	41—45分
	3. 主体鲜明且富有意义(真、善、美)	46—50分

表演相关方面		表演情况	得分
二、台词表达方面（20分）	语言表达的清晰度方面	1. 吐字不清晰	0—4分
		2. 吐字清晰但不脱稿	5—7分
		3. 吐字清晰并且脱稿	8—10分
	语言表达的生动度方面	1. 平铺直叙	1—5分
		2. 配合动作与语气的变化	6—10分
三、道具配备方面（20分）		1. 完全没有道具	2—8分
		2. 有部分配备情境的道具	9—16分
		3. 情境需要的道具都准备	17—20分
四、编排、情节方面（10分）	编排部分	1. 主体不鲜明	1—3分
		2. 主体鲜明	4—5分
	情节部分	1. 人物冲突明显且整个表演过程流畅	3—5分
		2. 人物冲突不明显或表演过程不流畅	2分
		3. 人物冲突不明显且表演不流畅	0—1分

2. "历史小辩论"评价

对学生的"历史小辩论"分辩论各环节的评判和对团队整体的评判，见表1-11。

表1-11　"智慧历史节"辩论比赛评价表

一、每个环节的评判标准（100分）（将聘请3—5位评委对辩论比赛进行全程评议。）	
（一）评分标准	论点明晰，论据充足，引证恰当，分析透彻。
	迅速抓住对方观点及失误，驳论精到，切中要害。
	反应敏捷，应对能力强。
	表达清晰、层次清楚，逻辑严密。

（二）评分方法	1. 审题：对所持立场能否从逻辑、理论、事实等多层次、多角度理解，论据是否充足，推理关系是否明晰，对己方的难点是否具有有效的处理方法。
	2. 论证：论证是否有说服力，论据是否充分，推理过程是否合乎逻辑，事实引用是否得当、真实。
	3. 辩驳：提问能否抓住对方要害，问题简单明了。在规定时间内没有提出问题或提问不清，应适当扣分。是否正面回答对方的问题，能否给人以有理有据的感觉。不回答或不正面回答应相应扣分。
	4. 配合：是否有团队精神，是否相互支持，论辩衔接是否紧密。问答是否形成一个有机整体，给对方一个有力打击。
	5. 辩风：所用语言和辩论风格讲究文明礼貌。不得对对方辩友和网友进行人身攻击。
（三）扣分标准	凡审题、论证、辩驳、配合、辩风项目中，不符合评判要求和违反规则的，均酌情扣分。由于参赛队自身原因造成的突发事件影响比赛的，由评判团决定，在其累计总分中扣5%—10%。

二、团队整体评分标准（10分）

1. 辩题中心：发言中心是否明确，主旨是否突出。

2. 内容资料：论据是否充分、合理、恰当、有力，引述资料是否正确、详实。

3. 辩驳：提问能否抓住对方要害，问题简单明了。在规定时间内没有提出问题或提问不清，应适当扣分。是否正面回答对方的问题，能否给人以有理有据的感觉。不回答或不正面回答应相应扣分。

4. 辩驳能力：主动、准确、及时、机智地反驳对方的观点，迅速抓住对方观点及失误，驳论精到，切中要害。

5. 整体配合：是否有团队精神，能否相互支持，论辩衔接是否流畅，论点结构是否完整，是否形成一个有机整体。

6. 风度表情：辩手表情、手势是否恰当、自然、大方，不强词夺理，尊重对方，尊重评委和观众，富有幽默感。

学科课程管理　多维度推进历史学习落地

一、价值引领

南菁实验学校开展"智慧历史"学习，就是要通过灵活多样的教学方式，激发学生学习历史的兴趣，使学生在学习历史的过程中因史生"慧"、以"慧"悟史，由此为学生的终身发展打下良好的基础，为培养 21 世纪的创新型人才做好准备。

首先，我们依据国家课程标准，实施"智慧课堂"教学，通过引导学生对重大历史事件和重要历史人物的了解，引导学生对相关问题进行思考，对重大历史事件和重要历史人物作出客观评价，培养学生的唯物史观，提高学生学习历史的各项能力，提升学生的爱国主义情怀，帮助学生逐步确立正确的世界观和人生观。

其次，通过引导学生对"智慧历史"拓展课程的学习，进一步提升学生学习历史的空间，引导学生通过多渠道、多角度了解历史和审视历史，从而帮助更好地融通历史、感悟历史。

二、团队建设

抓好落实学科组建设，积极开展学科组活动：进行经常性的组内听课、评课活动，努力提升组内教师的教学水平；采取走出去、请进来的教学交流方式，努力吸收先进的教学手段和理念；组织教师积极参加理论学习和聆听专家讲座，努力提升教育教学理论水平。

认真做好教学常规工作，精心准备好每一堂课，让学生充分感受历史学习的魅力。认真做好中老年教师和年轻教师的"传、帮、带"工作，促进青年教师的快速成长；积极撰写教育教学论文，提升自己的教育教学理念。积极参加各级各类教学比赛和评比活动，努力提高个人教学水平。合理规划个人发展目标，以目标促行动，以目标促发展。

三、 制度建构

按时参加教研组活动和学科组活动,不无故缺席。认真组织和进行"智慧课堂"学习,以激发学生学习兴趣为前提,以提升学生学习能力为目的,科学管理和安排学科课程学习,努力营造生动活泼的课堂教学氛围,努力实现高效课堂目标。科学规划学科课程实施,保质保量完成"智慧历史"拓展课程学习:指定"智慧讲坛"负责人,制定"智慧讲坛"学习章程和学习内容,期末做好"智慧讲坛"学习评定工作;指定"智慧社团"负责人,科学安排相关课程的实施;制定"智慧寻访"课程学习的相关章程,组织学生有序参加相关活动;定期开展"智慧历史节"活动,并对每次活动进行相关记载,作为学生期末成绩评定的考核依据。

四、 硬件条件

在学生进行"智慧课堂"学习时,借助学校提供的交互式电子白板教学设施,设计生动形象的图文资料,准备好合适的影视资料,努力打造生动活泼的课堂教学氛围;在进行"智慧历史社团"、"智慧讲坛"、"智慧历史节"等拓展课程学习活动时,由学校提供历史学习的专门教室,教室环境布置根据不同的教学内容通过现代化教学手段创设不同的场景,使学生通过不同的情境体验感悟历史;在带领学生进行"智慧寻访"活动时,由学校提供相关交通工具和相关辅助设施,使学生顺利完成活动目标。

(阚国健　费琪蓉)

第二章

学科课程群的理念厘定

学科课程哲学是对学科课程逻辑的合理性与合法性的前提性追问，是对学科课程的本质性理解，是教师对学科使命的价值判断。学科课程哲学具有稳定和变化的双重属性，是学科课程实践背后稳定的价值追求，是"为什么"的问题，是一种精神，是一种力量。它的形成需要经过长期的过程，同时在一段时间内指引学科课程实践，让教师和学生们在其指导下稳步地发展。同时，学科课程哲学是动态的扬弃过程，更是研究、构建的过程。

学科课程哲学是从学科课程实践中生长出来的哲学,是对学科课程的一种深刻反思,是对学科课程逻辑的合理性与合法性的前提性追问。

学科课程哲学是学科课程的本质性理解。在学科课程建设中,有什么样的哲学观,就会有什么样的课程理解,进而就会提出什么样的课程主张。立足于哲学的高度,从本体论视角看,学科课程哲学首先要回答"课程是什么"的问题,研究学科课程的本质,揭示出学科课程与其他教育要素之间的区别与联系。学科课程哲学的确定蕴含着对学科本质的深刻理解。

学科课程哲学是教师对学科使命的价值判断。要理解学科课程哲学,还需要思考"学科是为了什么?"、"学科的本质是什么?"、"学科课程的使命是什么?"、"为什么要在学校开设这个学科?"等课程价值论问题,探讨学科课程的价值取向。虽然学科价值的探讨久已被教师所忽视。但是,价值问题是不可回避的,渗透在每一次课程决策之中。教师的课程思维和教学决策是建立在价值基础上的。我们如何理解学科本质,会决定我们如何开展学科课程与教学实践。

学科课程哲学同时具有稳定和变化的双重属性。所谓稳定性,学科课程哲学是课程实践背后稳定的课程价值追求,是"为什么"的问题,而不是"是什么"、"包括什么"的问题,是一种精神,是一种力量。它的形成本身经过长期的过程,同时在一段时间内指引学科课程实践,让教师和学生们在其指导下稳步地发展。

同时,学科课程哲学是动态的扬弃过程,更是研究、构建的过程。它需要我们用独特的核心概念表述学科课程哲学,以利于记忆、传播和分享。好的学科课程哲学的表述可以增强课程哲学的感染力,在最短的时间内为教师、学生和家长们所熟记和传播。核心概念的采用应该注意以下几点:第一,具有较强的包容性,应能统整学科课程哲学的基本内涵,涵盖该学科在一定时间内的价值取向;第二,避免机械套用时髦话语,要尽可能使用本土化的、独特的语言,便于学科团队认同与接受,确保学科课程哲学能转化为课程教学实践;第三,精要地表达学科团队共享的价值观,充分表达出文字背后的假设、意图、预设与价值观,这样在课程理解上便能很快达成共识,实现视域融合和意义创生。

当然,学科课程哲学的重塑是一个长期的过程,需要系统的设计。随着社会政治经济文化的发展、学生身心状态的变化、教师专业技能的成长以及课程理论研究的不断深入,学科课程哲学也需要不断更新,才能继续保持学科课程哲学指导作用的发挥。从这个意义上说,学科课程哲学的转变是没有终点的,需要在课程实践中不断总结提炼。

（费玉新）

┃ 范例 ┃

活力英语：聚焦价值追问的学科课程群设计

　　江苏省南菁高级中学实验学校英语学科组共有教师 23 人，师资队伍优良，结构合理，拥有无锡市学科带头人 1 名，无锡市教学能手 2 名，无锡市教学新秀 1 名，江阴市教学能手 3 名，江阴市教学新秀 2 名，江阴市学科中心组成员 2 名，江阴市学科基地组织成员 4 名，年轻教师在无锡市、江阴市基本功大赛中不断获奖。随着课程改革的不断深入，南菁实验英语教研组深化课堂改革，研究英语教材教法，取得了一定的成绩。现依据教育部《关于全面深化课程改革　落实立德树人根本任务的意见》《义务教育英语课程标准（2011 年版）》（以下简称《课程标准》）之精神，推进我校英语学科课程群建设。

第一部分　学科课程背景

一、政策背景

　　党的十八大报告明确提出，教育的根本任务是立德树人。十九大报告再次强调，要全面贯彻党的教育方针。《教育部关于全面深化课程改革　落实立德树人根本任务的意见》（以下简称为《意见》）指出："立德树人是发展中国特色社会主义教育事业的核心所在，是培养德智体美全面发展的社会主义建设者和接班人的本质要求。课程是教育思想、教育目标和教育内容的主要载体，集中体现国家意志和社会主义核心价值观，是学校教育教学活动的基本依据，直接影响人才培养质量。"《意见》要求："全面贯彻党的教育方针遵循教育规律和学生成长规律。大力弘扬中华优秀传统文化，把培育和践行社会主义核心价值观融入国民教育全过程。"这是英语课程标准修订工作的基本依据，也为校本课程编写和教师提高课程开发能力提供了机遇。

《课程标准》指出,积极开发和合理利用课程资源是英语课程实施的重要组成部分。因此,我校的英语校本课程积极利用网络、报纸、杂志等各种资源,以增强课程的开放性和灵活性,先后开设了"英语电影赏析"、"英文报刊选读"、"英语歌曲欣赏"、"英语读者剧场"、"英语词汇与英美文化"等课程,每门课程由学生在每学期初通过网络报名选择自己感兴趣的课程。这些特色课程一定程度上提升了学生的英语语言素养,但这些课程稍显碎片化,综合素养提升不明显。同时,在实践过程中出现了一些思维僵化的现象,这促使我校英语组面对英语学科要有更新的思考。我校英语组以提升学生兴趣为立足点,以培养学生的思维为导向,以提升学生的学科素养为目标,构建完整的课程体系,利用已有的课程,开发未知的不完整的课程,建构英语课程群。英语校本课程是为适应学生的个性差异而开设的课程,是必修课程的延伸和补充,它与必修课程相辅相成,共同构成英语学科课程体系。

二、 学校背景

《课程标准》中提出的国家课程、地方课程和学校课程三级课程管理是英语校本课程的理论基础。实践中,近些年来,全国各地的很多教育部门的学校,特别是一些外语学校和特色学校,都在进行着外语校本课程的探索和试验。

我校作为江阴地区的一所百年名校,一直在积极地、全方位地进行学校课程综合改革,全面推进多样化、特色化的学校建设。自 2003 年恢复初中招生以来,我校英语学科教研组无论是教研教学还是对学生能力的培养,一直位列本市前沿。但随着生源构成的变化,课堂教学模式和学生能力培养方式也需要与时俱进。没有创新就没有发展,没有提升就没有长久,近年来学校学科优势越来越小。现状也在促使我们要改变,要创新。

为了应对现状,我校在校本课程开发方面已有诸多思考和实践,分年级开展不同校本选修课。从实践中探索出一条在新课程背景下初中校本课程实践的可行之路,推动学校新课程改革的发展。我们以打造"有活力的英语课堂"为目标,在课程开设中从学生的不同需求出发,遵循学生的选择性和主体性以及课程的广泛性和多样性,以供不同兴趣倾向的学生选择;在课程的实践中,充分体现学生的主体地位,发挥教师的优势和最大能力。

第二部分　学科课程理念

根据初中生的交际需求与认知发展水平,我校英语课程贯彻工具性和人文性并重的原则。重视语言知识的传授和语言技能的培养,同时关注学生情感态度、学习策略和文化意识等素养的协调发展。在发展学生综合语言运用能力的基础上,着重提高学生用英语获取信息、处理信息、分析问题和解决问题的能力,特别注重提高学生用英语进行思维和表达的能力,形成跨文化交际的意识和基本的跨文化交际能力,进一步拓宽国际视野,增强爱国主义精神和民族使命感,形成健全的情感、态度、价值观,为未来发展和终身学习奠定良好的基础。

一、 学科性质观

《课程标准》指出:义务教育阶段的英语课程具有工具性和人文性的双重性质。

就工具性而言,英语课程承担着培养学生基本英语素养和发展学生思维能力的任务,即学生通过英语课程掌握基本的英语语言知识,发展基本的英语听、说、读、写技能,初步形成用英语与他人交流的能力,进一步促进思维能力的发展,为今后继续学习英语和用英语学习其他相关科学文化知识奠定基础。

就人文性而言,英语课程承担着提高学生综合人文素养的任务,即学生通过英语课程能够开阔视野,丰富生活经历,形成跨文化意识,增强爱国主义精神,发展创新能力,形成良好的品格和正确的人生观与价值观。工具性和人文性统一的英语课程有利于为学生的终身发展奠定基础。

义务教育阶段英语课程的主要目的是为学生发展综合语言运用能力打基础,为他们继续学习英语和未来发展创造有利条件。语言既是交流的工具,也是思维的工具。学习一门外语能够促进人的心智发展,有助于学生认识世界的多样性,在体验中外文化的异同中形成跨文化意识,增进国际理解,弘扬爱国主义精神,形成社会责任感和创新意识,提高人文素养。

二、 学科课程理念

英语课程既是学生通过英语学习和英语实践活动,逐步掌握英语知识和技能,提高英语实践运用能力的过程,又是他们拓展视野、丰富生活经历、促进思维发展、锻炼意志、陶冶情操、发展个性和提高综合人文素养的过程。"在美的体验中自主成长"是我校的课程理念,结合我校英语学科的特点和英语课程现状,以培养具有中国情怀、国际视野和跨文化沟通能力的学生为育人使命,我们提出了切合我校特色的英语课程理念——"活力英语"。

"活力英语"是在培养激发学生英语学习兴趣的基础上,让学生体味生动的语言感知,体会多种文化的异同,体验多种形式的英语学习。在过程中,鼓励学生 speak out,show out,stand out。

(一) Speak out,悦动英语个性节奏

首先,英语学习有助于提高学生的综合语言运用能力。义务教育阶段的英语课程应面向全体学生。我校在构建英语课程时,充分考虑到学生在年龄、性格、认知方式、生活环境等方面存在差异,考虑到他们具有不同的学习需求和学习特点。因此英语课程设置会最大限度地满足个体需求,使整体教学效益获得最大化具有可能性。其次,英语学习更承担着提高学生综合人文素养、提升文化意识、开拓国际视野等任务。在信息大爆炸的时代,孩子们会享有更直接的语言感知和文化体验。英语是全世界应用最广泛的语言,孩子们能通过充满活力的英语学习打开他们与世界沟通的大门。活力英语中的 speak out 是彰显生命活性的突出表现,鼓励学生能根据已有的、现学的英语知识表达自己,同时通过沉浸式个性化学习不断吸收汲取外部的知识。

(二) Show out,发挥英语实践魅力

语言的魅力在于运用。我们既强调英语的学习过程,又重视语言学习的实践性和

应用性。"体悟式"的英语教学模式鼓励学生在语境中接触、体验和理解真实语言,同样也提倡在相应语境下学习和运用语言。我们的英语课程倡导指向学科核心素养的英语学习活动观。这样的英语学习有助于发展和完善学生的思维品质。有活力的英语学习可以培养学生的自主学习意识和思维转换能力,因为它需要学生主动从一些线索中发现和揭示其中的内在联系,形成思维型的自主学习活动。我校英语课程的设置使学生通过学习理解、应用实践、迁移创新等一系列融语言、思维、文化于一体的活动,获取和阐释语篇意义,形成个人观点、意图和情感。Show out,鼓励学生在活动中培养自主学习的能力,提高实际运用语言的能力。

(三) Stand out,表达英语多彩魅力

有活力的英语学习可以使学生在中国文化和外国文化双向沟通与交流中,培养出更加多元的文化素养与尊重各国文化的意识和态度。通过语言学习中的大量输入,学生可以接触到英语语言国家的文化、历史、地理、科技、政治、礼仪等。面对多元、开放的真实语言素材,学生需要选择更适合自己的方式来汲取。在校本课程建设中,丰富多样的课程资源尤其重要。我们设置、选取的英语课程应根据教和学的需求,提供贴近学生、贴近生活、贴近时代的英语学习资源。创造性地开发和利用现实生活中鲜活的英语学习资源,积极利用音像、广播、电视、书报杂志等,拓展学生学习和运用英语的渠道。同时,我们应该重视现代信息技术背景下教学模式和学习方式的改革,充分利用信息技术和教育手段,促进信息技术和课程教学的深度融合。因此,我校根据信息化环境下英语学习的特点,以及本校实际,科学地组织和开展线上线下混合式教学,丰富课程资源,拓展学习渠道。Stand out,不单单是鼓励学生通过多渠道来获得丰富的课程资源,同时也希望学生能够通过学习,达到 outstanding(优秀、优异)。

第三部分　学科课程目标

《课程标准》中提到"英语课程承担着培养学生基本英语素养和发展学生思维能力

的任务"。具体到英语学科核心素养,主要包括语言能力、思维品质、文化意识和学习能力四个方面。语言能力是英语学科核心素养的基础要素,是英语学科的标志性要素,是英语学科的一个具体目标;文化意识指对中外文化的理解和对优秀文化的认知,文化意识突出强调个人修养,涵养内在精神,追求真善美的统一;思维品质指人的思维个性特征,反映其在思维的逻辑性、批判性、创造性等方面所表达的水平和特点;学习能力则指学生主动拓宽学习渠道,积极调适学习策略,努力提升学习效率的意识、品质和潜能。

一、 学科课程总体目标

我校英语课程的总目标是使学生在原有的英语学习基础上,进一步明确英语学习的目的,发展自主学习和合作学习的能力;形成有效的英语学习策略;培养学生的综合语言运用能力。综合语言运用能力的形成建立在语言技能、语言知识、情感态度、学习策略和文化意识等素养整合发展的基础上。语言技能和语言知识是综合语言运用能力基础。情感态度是影响学生学习和发展的重要因素。学习策略是提高学习效率、发展自主学习能力的先决条件,文化意识则是得体运用语言的保障。为落实《课程标准》提出的"注重素质教育,体现语言学习对学生发展价值"和"强调学习过程,重视语言学习的实践性和应用性"的理念,"活力英语"学科课程建设旨在打造具有"活力英语"特色的系列课程,重视语言知识传授与语言技能培养的同时,关注学生情感态度、学习策略和文化意识等素养的协调发展,实现英语学科工具性和人文性的和谐统一。

(一)语言技能目标

语言技能是语言运用能力的重要组成部分。语言技能包括听、说、读、写四个方面的技能以及这四种技能的综合运用能力。听、读是理解的技能,说和写是表达的技能;这四种技能在语言学习和交际中相辅相成、相互促进。学生应通过大量的专项和综合性语言实践活动,形成综合语言运用能力,为真实语言交际打基础。

(二)语言知识目标

初中学生应该学习和掌握英语语言基础知识包括语音、词汇、语法、功能和话题五个方面的内容。知识是语言能力的有机组成部分,是发展语言技能的重要基础。

(三) 情感态度目标

情感态度指兴趣、动机、自信、意志和合作精神等影响学生学习过程和学习效果的相关因素,以及在学习过程中逐渐形成的祖国意识和国际视野。保持积极的学习态度是英语学习成功的关键。在初中阶段,教师应引导学生将兴趣转化为稳定的学习动机,以使他们树立较强的自信心,形成克服困难的意志,乐于与他人合作,养成和谐与健康向上的品格。通过英语课程使学生增强爱国主义意识,拓展国际视野。

(四) 学习策略目标

学习策略指学生为了有效地学习语言和使用语言而采取的各种行动和步骤。英语学习策略包括认知策略、调控策略、交际策略和资源策略。认知策略是指学生为了完成具体学习任务而采取的步骤和方法;调控策略是指学生计划、实施、评价和调整学习过程或学习结果的策略;交际策略是指学生为了争取更多的交际机会、维持交际以及提高交际效果而采取的各种策略;资源策略是指学生合理并有效地利用多种媒体进行学习和运用英语的策略。中学生应形成适合自己学习需要的英语学习策略,并能不断地调整自己的学习策略。

(五) 文化知识目标

在英语教学中,文化主要指英语国家的历史、地理、传统习俗、生活方式、文学艺术、行为规范和价值观念等。接触和了解英语国家的文化有利于对英语的理解和使用,有利于加深对本国文化的理解与认识,有利于培养世界意识,有利于形成跨文化交际能力。教师应根据学生的年龄特点和认知能力,逐步扩展文化知识的内容和范围。教学中涉及的有关英语国家的文化知识应与学生的日常生活、知识结构和认知水平等密切相关,并能激发学生学习英语文化的兴趣。要扩大学生接触异国文化的范围,帮助学生拓展视野,使他们提高对中外文化异同的敏感性和鉴别能力,为发展他们的跨文化交际能力打下良好的基础。

二、 学科课程年段目标

英语学科课程共划分为三个年段,分别是七年级、八年级、九年级。以英语课程总目标"听说读写"这四个基本技能为核心,以江苏译林出版社的《牛津英语》为基础教材,分年段实施,年段之间有明显的联系和目标。

牛津英语这套教材的特点是每单元一个主题,分为 7 个板块。第一板块是导入,一组图片、一段对话,会激活我们有关这一单元已有的知识和经验。第二板块的阅读板块则是重点,内容上主要围绕"人与自我"、"人与社会"、"人与自然",语言知识上则集中体现了本单元的重点。第三板块语法则梳理了本单元的重点语言现象,帮助我们更好地掌握语法规则。第四板块综合技能中的"听、说、读、写"训练,着重培养我们的语言综合运用能力。第五板块学习技能介绍一些具体的学习方法。第六板块任务板块引导我们整理思路、组织语言再落笔成文。最后,通过自我评价,我们将体验收获的快乐。

(一) 七年级课程目标

七年级通过"Getting to know each other"、"Colourful life"、"Home and neighbourhood"、"Wonderful things"等主题教学,培养学生在英语学习上的积极性和初步的信心,能就熟悉的话题(如学校、家庭生活等)交换信息,在交换信息中锻炼听说能力。同时,学生会在学习中了解中西方节日中有趣的传统和习俗,在日常的生活中关注健康的饮食和生活方式,能听懂有关熟悉话题的语段和简短的故事。随着阅读能力的增长,能读懂小故事及其他文体的简单书面材料,为写作积累好词好句。每一单元,根据主题,要求学生能按照提示简要描述一件事情并形成文字。

借助报刊课、经典诗歌诵读。如,在童话书中,与爱丽丝一起漫游仙境,在现实生活中,和喜爱的动物朋友一起度过欢乐时光。在教师的引领下,能够对所阅读的经典文学作品有初步的了解,能够品味部分作品中的用词,参与简单的角色表演等活动,以此达成提升学生鉴赏西方文学作品的能力。

报刊阅读可以培养学生的质疑精神,如,通过对报刊材料在预习中质疑,来提升学生的独立思考和表达的能力,从而养成学生独立地思考与表达的能力。鼓励与培养学生能尝试使用恰当的学习方法,克服学习中遇到的困难。同时,通过阅读不同体裁的简单的阅读材料,还可以让学生意识到语言交际中存在的文化差异;通过中外文化比较,提高学生自觉地传承中华文化的能力。

(二) 八年级的学科课程目标

八年级通过"Teenage Life"、"Nature and the environment"、"Travel in time and space"、"Rights and responsibilities"等主题教学,了解如何和好朋友的相处,了解中西方文化的差异,促使学生有明确的学习需要和目标,对英语学习表现出较强的自信心。鼓励学生分享一天见闻,或是在家体验 DIY 的乐趣,达到能用语言描述自己或他人的经历,能表达简单的观点的目的。我们还会结识可爱的动物朋友,一起关注濒危动物,认识大自然的四季轮回和气候变换等,让学生能在所设日常交际情境中听懂对话和小故事。我们从家乡的过去走到现在,读万卷书行万里路,既可以通过背起行囊的旅游,也可以通过丰富的网络资源来了解我们所处的社会,能尝试用不同的教育资源,从口头和书面材料中提取信息、扩展知识、解决见到的问题并描述结果。同时作为大家庭的一份子,我们要关爱地球,保护环境,能合作起草和修改简短的叙述、说明、指令、规则等。

培养学生在学习中相互帮助、克服困难的能力。培养学生能合理计划和安排学习任务,积极探索适合自己的学习方法。培养学生通过报刊阅读、津津有味读经典等阅读,以及英语阅读交流会等活动,让学生在学习和日常交际中能注意到中外文化的异同,并能自主简单地表达对所读文学作品的感知。同时,通过中外文化比较,在学习外国文化的同时,感受到中国传统文化中的魅力,培养对中华传统文化的热爱,自觉承担文化传承的责任。

(三) 九年级的学科课程目标

九年级通过"Getting along with others"、"Entertainment"、"Cultures around the world"、"The future"等主题,我们会来谈谈彼此的性格,描述一下合适自己的职业,促使学生有较明确的英语学习动机、积极主动的学习态度和自信心。

通过分享成长中的痛苦与烦恼,让学生能听懂有关熟悉话题的陈述并参与讨论。能就日常生活的相关话题,如丰富多样的电影、电视节目、悬念重重的侦探故事,与他人交换信息并较熟练地阐述自己的意见。能读懂相应水平的读物和报纸、杂志,克服生词障碍,理解大意。能根据阅读目的运用适当的阅读策略。能根据提示独立起草和修改小作文。

我们一起讨论机器人、火星上的生活等话题,鼓励、培养学生能与他人合作,解决问题并报告结果,共同完成学习任务。培养学生能对自己的学习进行评价,总结学习方法。能利用多种教育资源进行学习。

我们先了解北京的故宫、颐和园和雄伟壮观的长城,领略桂林风光,再去游览日本、新加坡和印度等其他亚洲国家,进一步增强学生对文化差异的理解和认识。在文化阅读和生活游览中,逐步感知文化的人文之美。将书本中所学到的文化,与生活中所经历的文化,进行比较、融合,有意识地向他人传播文化。

第四部分 学科课程体系

学科课程体系是学校课程体系中各种课程类型及具体科目的组织、搭配所形成的合理关系与恰当比例,是由各类课程构成的、有机的、完整的统一体。

一、 学科课程结构

根据《课程标准》在"课程基本理念"中,将英语综合语言运用能力分解为"语言技能、语言知识、情感态度、学习策略和文化意识五个部分",我们认为,"情感态度"是难以单独分解实施,"文化意识"这一说法偏虚,所以在对《课程标准》的有关分类进行整合时,我校的"活力英语"学科课程将设置"语言技能、语言知识、文化知识、学习策略"四大类别,并将"主题"和"语篇"作为课程四大类别的载体。

"活力英语"课程虽然分为四类,但也只是教学重点的侧重,而不是完全的分割,因

图2-1 "活力英语"学科课程结构图

为这四者原本就是一体之四面。

第一类，语知类课程，以学习语音、词汇、语法、语篇和语用等知识为主体，为学生构成语言能力打下重要基础。

第二类，文识类课程，以学习语言文化，尤其是中外优秀人文和科学知识，为学生形成跨文化意识、涵养人文和科学精神、坚定文化自信，提供知识源泉的润泽。

第三类，语能类课程，这是所有课程的最主要部分，具体包括听、说、读、写等。学生基于语篇开展的学习活动就是以这些技能为基础，来进行理解语篇和对语篇作出回应的活动。

第四类，策略类课程，主要是学习各类帮助理解和表达、提高学习效率的策略，包括交际策略、认知策略、情感策略、有效选择策略等。它们可以为学生形成自主学习和终身学习能力提供必备条件。

上述课程均以主题和语篇为载体。主题涵盖了人与自我、人与社会和人与自然，涉及人文社会科学和自然科学领域等内容，为学科育人提供话题和语境；语篇类型包括口头和书面语篇以及不同的文体形式，如记叙文、访谈、对话等连续性文本，以及图表、网页、广告等非连续性文本，为语言学习提供文体素材。

"活力英语"为学生提供了丰富且有特色的英语课程群，满足不同学生的发展需要。我们的英语学科课程以教材为基础，融合报刊阅读、典范英语等原版简易读本的阅读，通过多元化手段，不断锻炼提高学生的"听说读写译"的能力，最终实现英语学科"工具性和人文性"的统一。

二、 学科课程设置

"活力英语"的学科以"听说读写"为基础,分为语言知识、文化知识、语言技能、学习策略模块,具体年级课程设置如下(见下表2-1)。

表2-1　"活力英语"课程设置表

		语言知识	文化知识	语言技能	学习策略
七年级	上学期	英语听说(一) 经典诗歌诵读(一)	影视欣赏(一) 津津有味读经典(一)	读者剧场(一)	报刊阅读(一)
	下学期	英语听说(二) 经典诗歌诵读(二)	影视欣赏(二) 津津有味读经典(二)	读者剧场(二)	报刊阅读(二)
八年级	上学期	英文歌曲(一) 英文演讲大咖秀(一)	绘本阅读(一) 典范阅读(一)	读者剧场(三)	报刊阅读(三)
	下学期	英文歌曲(二) 英文演讲大咖秀(二)	绘本阅读(二) 典范阅读(二)	读者剧场(四)	报刊阅读(四)
九年级	上学期	经典演绎(一) 读写大赛(一)	名著赏析(一) 典范阅读(三)	英文辩论赛(一)	报刊阅读(五)
	下学期	经典演绎(二) 读写大赛(二)	名著赏析(二) 典范阅读(四)	英文辩论赛(二)	报刊阅读(六)

第五部分　学科课程实施与评价

我校"活力英语"课程目的是引导学生崇尚科学,涵养灵性,追求个性发展,在开展

"活力英语"课程过程中,为学生发展综合语言运用能力打基础,为他们继续学习英语和未来发展创造有利条件。"活力英语"致力于用一门语言打开学生的思维,帮助学生认识世界的多样性,在体验中外文化的异同中形成跨文化意识,增进国际理解,弘扬爱国主义精神,形成社会责任感和创新意识,提高人文素养。

一、 建构"活力课堂",推进学科基础课程的实施

课堂是落实"活力英语"的重要途径,"活力英语"课程需要进行"活力课堂"的建构。

(一)"活力课堂"的要义与操作

"活力课堂"最基础的部分是"Fun with English",在玩中学,在学中玩。在课堂实施的过程中,不断激发学生兴趣,促进学生主动学习,引领学生一步步前行:speak out,show out,stand out。"活力课堂"具有以下三点特征:

1. 以兴趣为起点。"活力课堂"倡导教师能创设真实情境的教学,以此勾起学生的好奇心;倡导学生"Read between the words;Read beyond the words",在学习的过程中,不单停留在语言的表层,而是深入地思考,学会质疑,培养批判性思维。而学习的兴趣会促使学生更乐意去思考、去探究。思考和探究才可以充分发挥学生的主体作用,通过思考与探究可以让学生体验成功的快乐与失败的滋味,丰富学生的情感体验,激发学生学习的积极性,使学生自主、自由、自觉发展,从而全面提高学生的语言素养。

2. 以单元为抓手。单元是承载主题意义的基本单位,它承载了完整的课程六要素,承载着学科核心素养培养的具体而有所侧重目标任务,是通过英语课程学习促进学生成长比较完整的过程周期。课程的总目标是总体的、宏观的、笼统的;而单元目标则是部分的、具体的、可操作的。教师以单元为抓手,制定恰当的单元目标,有利于教学实施,有利于教学质量的提高。"活力课堂"的单元目标设定是基础性、灵活性和针对性相结合的,同时还能在"活力课堂"中注意学生思维的深刻性和多元化发展需求。阶段性是部分目标的达成,但从三年初中"活力课堂"的实施来看,是连贯的,契合式

的,不断提升的,有利于学生高效、系统地学习。

3. 以学生成为追求。"活力课堂"通过创设师生互动、互助的过程,让双方开展平等的交流、心灵的对话、思想的交换以触发科学价值观的共鸣。课程学习过程中,使教师与学生,学生与学生合作、对话、碰撞,生成新问题、新情况、新思维与新方法。教师掌握相应的实践策略,有效地应对学习中鲜活的、稍纵即逝的生成信息,从而提高学习的实效。最终的落脚点是让学生有快乐的输入,且有丰富的输出。

落实这三条,需要在教学目标定位准确、教学目标可操作、教学活动灵活有效、问题设计启迪思维、学生活动自主合作、教学效果评价增值、教学过程评价增值七个方面落实到位。

(二)"活力课堂"的评价标准

不同的教学理念,不同的教学目标,就会带来不同的教、学、评的关系。以学科核心素养为指向的英语学习活动,学是核心,教和评都以促进学为目的,整个教学活动就是聚焦在学生的学习活动之上。"活力英语"课堂评价的根本目的是为了促进学生的"学",改善教师的"教"。"活力英语"的课堂评价标准应充分发挥英语课程评价的多重功能,恰当运用多种评价方式,注重评价主体的多元和互动,突出英语课程评价的整体性和综合性。根据不同年龄学生的不同学习特点,按照不同学段的课程目标,抓关键,突重点,提高评价效率,突出评价的诊断和发展功能(见下表2-2)。

表 2-2 活力英语课堂教学评价表

年　　月　　日

学校		执教者		授课时间	
项目	评测要求			分值	得分
教材的理解与处理	准确把握教材的文本价值,突出教学重点,驾驭难点准确;创造性地利用、开发教学资源并整合教学内容。			20分	
教学过程	教学活动设计合理,能发挥学生主体作用。教学过程实施能够较好地突出重点,突破难点,真正落实教学目标。			25分	
教学方法	注重启发式和讨论式教学,能整合各种资源,媒体运用得当。			15分	

项目	评测要求	分值	得分
教师素养	仪表大方得体,教态自然,语言生动,简练清晰;板书书写工整规范。	15 分	
目标与效果	目标明确、具体、科学合理,面向全体,全面发展,能动态调控教学过程。合理分配教学时间,有效完成教学各环节任务,完成预期目标。	25 分	
评课意见		合计得分	

二、 建设"活力课程",丰富英语拓展课程

"活力课程"的建设,是对国家课程的丰富和建构。课程的设置使英语课程具有了多样性和选择性。学生通过选择不同的课程,提升学习英语的兴趣。最终达成提升英语素养的目的。

(一)"活力课程"的建设路径

1＋X学科课程群就是以国家教材为基础,加上英语学科的选修课程。我们的做法如下:

首先是紧扣教材进行学习。"活力英语"的必修课程主要围绕译林出版社牛津英语教材,以英语"听说读写"四项基本技能展开,提升学生的知识基础、审美鉴赏、思维的宽度和广度,培养学生质疑能力以及批判性思维。

其次是课堂学习要突出参与式。参与式学习,首先教师要善于创设学习情境,让学生在体验情境中激发学习的兴趣,引起学习的有意注意,在具体情境中学习语言,运用语言,促进迁移。"活力英语"面对所有同学,要尊重学生个性,以学情为教学的起点和重点,让学生站在课程的核心部分。同时,在课堂中,我们让技术推动学习,让课堂发生变革,每位学生都是活力课堂的参与者和执行者。

最后是对教材进行适度拓展。在线学习已经成为一种趋势,不受时空限制,具备迅速性、交互性、可重复、可推广、个性化等特点。所以,我们要注重"在线学习",促进

学习方式的改变,线下线上,双管齐下。借助"在线学习"构建学生英语阅读、英语视听说学习新型方式。

　　"活力英语"的选修课程是在完成必修课的基础上,以培养学生的学习兴趣,提升学生思维为目的;拓宽学生的学习视野,深化学生的学习广度;通过活动增强学生的实践能力,提高学生的实际应用水平;借助生活体验,服务于学生的个性化发展需求。

(二)"活力课程"的评价要求

　　"活力课程"的评价从课程目标、文本使用、课程实施及其效果等方面进行评价(见下表2-3)。

表2-3　"活力课程"的评价表

评价项目	评价标准	评价等级
教学目标	1. 教学目标设置应符合国家课程要求、地方课程要求、学校课程要求。 2. 教学目标的设置能够激发学生的学习热情,提升学生的学习兴趣。 3. 教学目标设置符合学生的认知能力,并能对学生的能力增长有所帮助。	符合评价标准为 A 大致符合标准为 B 基本符合标准为 C 不符合上述标准为 D
文本使用	1. 文本不脱离国家课程的要求,且具有学校的课程特色。 2. 课堂教学活动的开展,应围绕文本开展。 3. 文本的使用能够对学生的语文学习能力的增长有所促进。	符合评价标准为 A 大致符合标准为 B 基本符合标准为 C 不符合上述标准为 D
课堂实施	1. 在课堂实施过程中,通过设计合理的活动,调动学生的学习热情。 2. 课堂实施过程中,教师应是组织者、参与者、管理者、调控者。 3. 在课堂实施过程中,可适当弱化教师的作用,通过学生之间的互助质疑,提升学习的自我学习能力。 4. 课堂实施过程中,教师应关注全面,不可出现忽略或偏废的情况。	符合评价标准为 A 大致符合标准为 B 基本符合标准为 C 不符合上述标准为 D
教学效果	1. 学生参与度高,有学习的热情。 2. 检测效果明显。 3. 有显性的教学。	符合评价标准为 A 大致符合标准为 B 基本符合标准为 C 不符合上述标准为 D

三、 开展"活力英语节",活跃英语学习氛围

"活力英语节"的活动设计依据学生的学习实际,结合英语的四项基本技能"听说读写",以提升学生的英语学习热情为基础。

(一)"活力英语节"的活动设计

"活力英语节"面向的不是个别英语口语出众的学生,而是以该文化节为依托,给每位学生提供参与、体验、成长的平台,让学生在玩中学,在学中玩,鼓励学生在兴趣的基础上掌握知识、运用知识,展现自我,感悟中西方文化。

1. 游园猜灯谜。灯谜是中国传统节目喜闻乐见的活动形式之一。英语与灯谜的结合,让人耳目一新,碰撞出别样的火花。首先,在"活力英语文化节"活动准备阶段,每位英语老师可以利用课堂用英文为学生简单地介绍关于灯谜的一些传统文化知识;然后,告知学生我校"活力英语文化节"中灯谜的与众不同之处。英语灯谜所有的谜面都来自他们所读的"津津有味读经典"或是"典范阅读"。其次,让每位学生利用近阶段所读文本,仿照老师所给的课中实例,自己创作三个灯谜,并在班级内部评选出"最佳灯谜"。通常,英文的灯谜是对一本名著中的人物、情节、背景知识等提出相关问题。可以是文本中能直接找到的,也可以是文字背后需结合背景知识才能得出的隐藏含义。班级中的"最佳灯谜"汇总后,进行年级汇总,再到学校汇总,作为"活力英语文化节"的"游园猜灯谜"的材料来源。接着,在全校范围内,征集有美工、书法特长的学生,设计精美的符合灯会特色的纸张,并用工整美观的文字呈现一则则闪耀着学生原初智慧的灯谜。最后,活动当天在后勤部门的配合下,在菁园小树林创设一个有情致的灯会现场,让各年级获得"最佳灯谜奖"的学生在灯会现场负责"解疑答惑"。会后还可以把所有灯会中展示出的灯谜以微信推送的方式呈现,让学生或家长参与"最具价值灯谜"的评选。如此从准备到实施就会有一个比较丰富完整的呈现,"灯会猜谜"从早期的知识传授,到中期的知识运用,到后期知识延展,可以充分鼓励学生广泛参与、积极思考、勇于创新、持续实施,促发学生的过程性深度学习,养成学生的深度思维习惯,从而更好地提升学生的英文素养。同时,在活动中,让学生参与体验,感受中西方文化的

异同之处。

2. 经典诗诵读竞赛。说到诗,学生内心深处,首先想到的肯定是中国的诗。诗是中国文学发展中最早的文学样式,也是最好的文学表达方式。"诗言志",读诗,可以更好地读懂诗人的内心,从而读懂那个时代,甚至读懂中国传统文化中的文人精神。而英文诗歌也具备着这样的功能。根据学生年龄特点,在"活力英语课堂"中会引导学生诵读难易程度不同的诗。读经典是为了理解生活。在对"诗"的阅读体验中,尝试着理解对应时期的英语文化,得到更多良性的积极的精神滋养。

经典诗诵读竞赛的活动以校本材料——《经典诗歌诵读》为准备材料,活动分为两个方面。一是:赛诗会;二是诵诗会。赛诗会,通过学生的自主学习记诵经典。接着,各年级推荐五名"小诗人",通过抽签分成五个战队。最后,比赛中通过必选题、抢答题、附加题的角逐,产生"诗王"。诵诗会,则是以"朗读者"的形式进行比赛。首先,以班级为单位,朗诵内容自选,朗诵形式自由,在各年级中评选出三支队伍进行全校比赛。决赛获胜队伍将在"菁园春晚"展示。经典诗诵读竞赛目的是让学生去体验、欣赏诗歌之美,它以多样的形式,激发学生学习积累英文诗歌的兴趣,让学生了解英文的经典,养成良好的阅读习惯,提高审美情趣,营造浓郁的读书氛围。

3. 经典英文影视赏析推荐。英文的经典有各种各样的形式,如:经典诗词、经典诗歌、经典小说、经典戏剧、经典故事、经典名言、经典俗语等。这一活动实施方案中与经典诗诵读竞赛有一些交叉内容,不加赘述。以"经典英文影视赏析推荐"为例,每学期的假期作业中,以年级为单位,英语老师会推荐 10 部左右的经典英文原版电影,学生根据喜好,自由选择至少三部作品观看。新学期到校后的第一个月,以班级为单位,组织学生进行推荐活动。推荐必须包括:电影中最让你难忘的台词,至少 5 句话不少于 80 个词;让你印象最深的角色以及电影片段回述;选取电影中你最喜欢或是欣赏的部分并阐明原因,可以是主题曲或是性格塑造等。从输入到输出的过程中,不仅"听"很重要,还锻炼了学生的口语表达能力,同时语言组织能力强的同学会让他的推荐更出彩。每班选出 3 部电影的推荐材料进行年级竞选,接着利用"菁园之声"这个平台,让获胜的"朗读者"在每日午间的"美文推荐"去分享自己的经典英文影视赏析。这不仅是对语言素养的培养,同时也拓宽了学生的知识面。

4. 读者剧场。学生平日里的海量阅读不仅包括中文的阅读,也包括英文的阅读,如报刊阅读、津津有味读经典系列丛书、典范英语系列丛书等。这些英文小说后面大多数都有精彩对白或是情节回顾。除了常规的分享会外，此处，以"读者剧场"为例，在英文老师讲授经典课文的基础上，学生根据喜好，结合人物形象、主题理解，选择经典片段，自主改编成剧本，利用课余时间征集演员并分角色自主排演。然后，各班向家长发放"读者剧场推荐邀请函"，让家长和老师一起观看学生们的经典表演。在过程中全程录像，有些表演特别精彩的，也可以作为下届学生学习英文原著的教学凭借。表演结束后，可以让家长、学生、教师投票，票数高的表演可以推荐到"菁园春晚"中展现。学生之于不同的文学样式的兴趣也是不同的，尽可能选择学生更感兴趣的形式、篇章，让学生真正地参与到活动中，在活动中生发、在活动中成长，以拓展学生学习的广度，挖掘体验的深度，提升思维的高度。

5. 演讲比赛。首先，演讲比赛的稿子都是由学生自己创作。演讲比赛是一个很好地呈现读书思考、表达自我观点的方式。与分享会相比，演讲更具有主题性、感染性，更能引发学生的深度思考，也更能反映出学生的语言知识储备。无论是学生个体、学生群体以及教师都是参与者、推进者。在确定好年级同一主题后，每位同学都会有自己切入点与想法。首先，要求每位学生形成演讲的书面稿，这是演讲比赛的初始呈现。在交流碰撞后，每位同学又可以对自己的稿子在一定程度上进行再加工。同时，利用平日里英语老师介绍的演讲小技能开始准备演讲。最后，参与者都必须达到脱稿上台。通过这样的活动，一方面丰富了学生的英文生活体验，以思考带动思考，以思维促发思维，从而提高学生的写作、表达能力；另一方面，大大地锻炼了学生的自信心，让他们具备大胆地站在各种校外演讲比赛中的能力。

(二)"活力英语节"的评价要求

"活力英语节"根据每个阶段不同的观察要求来制定评价细则，把握评价为了改进学习的主旨，即放大学生的"闪光点"，培植学生的"生长点"，纠正学生的"错误点"，促进学生能力成长与精神成长共同生发。

"活力英语节"不仅关注对学生最终所呈现展示内容的结果性评价，更关注整个过程中对学生"实作"与"表现"等过程性的评价。"活动成果"维度关注学生活动成果的呈现，如读者剧场、设计的道具、记录的日志、汇总的档案袋等；而"态度、习惯、兴趣"维度关注活动过程中学生情感、态度、价值观的行为表现,突出了学生的态度、习惯、兴趣这些非智力因素对学生素养发展的重要性。教师针对每个评价内容研制具体的评价标准,根据中学生身心发展特点和认知规律进行细化分解,体现评价以生为本。教师采用过程性定点观察法,评价活动伴随于"活力英语文化节"的始末,贯穿于教与学的整个过程。具体评价要求见下表 2-4。

表 2-4 "活力英语文化节"评价内容一览表

活动内容		游园猜灯谜	经典诗诵读竞赛	经典英文影视赏析推荐	读者剧场	演讲比赛	评价			
							师评	互评	自评	总评
灵智语文节	活动设计	① 主动收集资料、阅读、分享(5分); ② 积极参与班内交流(5分); ③ 自主合作,乐于分担任务(5分); ④ 主动反思并修改完善作品(5分)。								
	过程实施	① 精选灯谜、书目、诗文、活动主题等(5分); ② 围绕主题,编写灯谜、撰写赏析推荐、创编课本剧等(20分); ③ 班内交流,合作修改作品(10分); ④ 公开展示,评奖:单项奖、合作奖(10分); ⑤ 参与者填写优化建议(10分); ⑥ 推荐发表或展示(5分)。								
	活动效益	① 自信力的提升(5分); ② 创造性的增强(5分); ③ 合作力的加深(5分); ④ 自省力的增进(5分)。								

四、 创设"活力社团",发展学生的英语学习兴趣

社团活动是校园文化的重要载体,是学生身心发展、拓宽兴趣和开阔视野的阵地,也是展示学生个性、发展特长、内化能力的第二课堂。社团活动能够丰富校园文化、培养学生兴趣特长、补充第一课堂。基于这样的优势,我校创设"活力英语社团"推进初中英语教学工作。通过社团活动推进英语教学多渠道、深层次、高质量发展。全面拓

展学生素质、张扬学生个性、培育自主创新精神、营造良好的教育教学氛围,引导学生树立正确的价值取向和发展目标、培养自主学习的习惯和自我发展的能力等。

(一)"活力社团"的主要类型

"活力英语社团"包括英语听说、读者剧场、影视欣赏等社团。通过选修课和课外活动相结合的方式,定期开展社团活动。社团活动以学生为主体,教师辅导和引领为辅助,充分发挥学生的积极能动性,在社团活动中提升英语能力,落实英语的核心素养。

1. 英语听说旨在创设英语语言交际的环境,通过师生、生生互动交流,实践交际本领。通过外教老师以主题为线索,进行话题陈述、讨论及辩论等活动。

2. 读者剧场所选材料皆为国外经典小说、情景剧、短剧或是戏剧。通常一个剧本分成三个环节:Read,Enjoy and Act。通过短剧的表演,增强学生对英语学习的兴趣和对英语文化的了解。

3. 影视欣赏通过使用多媒体等现代化教学工具,学习和欣赏外国原版电影、短剧经典情景剧。一方面让学生对于一些经典电影耳熟能详,同时对影片中的经典人物、台词、歌曲进行赏析、学习。

(二)"活力社团"的评价要求(见下表2-5)

表2-5 "活力英语社团"课程评价表

评价对象	指标体系	等级内容	评定等级
活力英语社团	组织建设	1. 章程、制度健全; 2. 有专业老师负责。	
	活动目标和计划	1. 有年度活动目标; 2. 活动目标明确具体; 3. 有实现目标的行动计划; 4. 计划科学、合理可行。	
	学生活动	1. 积极主动,出勤率100%; 2. 生生合作,师生互动好; 3. 学生有问题意识、质疑精神; 4. 学生有较多的体验和感受。	

评价对象	指标体系	等级内容	评定等级
	负责教师表现	1. 服务意识强； 2. 积极参与该课程的建设、研讨； 3. 指导老师反馈及时。	
	活动成效	1. 活动正常开展,受欢迎程度高； 2. 学生活动自主性高,学生得到充分锻炼； 3. 活动在校园网上有宣传或活动有成效； 4. 优秀学生在相关比赛优先参赛。	
	活动记录和 资料保存	1. 记录及时； 2. 各种记录保存完好。	

第六部分　学科课程管理

一、价值引领

重视英语课程对学生思想情感的熏陶作用,注重课程内容的价值取向,融合和发扬优秀文化传统,体现社会主义核心价值观的引领作用。利用英语学科的工具性和人文性,引领学生进行思想的碰撞,价值观的树立,从而达到心灵的净化。

二、团队建设

打造一个强有力的英语教师团队,构建团队文化,制定活动计划和规范,定期开展英语活动。并通过各种形式的活动,推进课程研究和开发。在此过程中,推选出具体的课程负责人,以专人引领和小组合作的方式推进课程建设和管理。在英语方面,我校有"谢建明名师工作室",定期开展活动。

三、 制度建构

对课程管理的功能、作用机制与结构有全面的认识和深刻的理解,通过建立规范的制度来提高效率。在制定和修订制度时,将管理与运作进行有机整合,保证制度体系的完整性、系统性和一致性。一旦制度确立,便切实贯彻与执行,并在执行过程中及时评估及优化。

英语教研组有固定的教研活动,在每周五上午第三、四节课。每个年级的备课组也有固定的备课组活动时间。利用好教研组活动和备课组活动的时间,在组内边开展英语课程建设的研讨和英语教学的研究,在各备课组中进一步细化每个年级的英语课程建设的细节。不管是备课组内还是教研组内都有相关考核评定制度、公开课制度。每学年,学校也会有各种考核评议制度。固定的制度使组内的每位教师能自我鞭策,终身学习。

四、 条件保障

首先是学校管理层对课程开发管理的大力支持,并在时间安排、人员配置、课程设置、实施经费等方面予以充分的保证。同时创造条件让老师们在课程开发管理方面有不断学习和深造的机会。这样软硬件双管齐下,课程建设得以保障。

五、 课题研究

要求每位教师从自己的教学主张出发,分别从学法指导、课堂有效教学策略等不同角度确立自己的小课题研究,学会适时地将课题研究成果运用于教育教学实践中,学会利用各种课题研究成果来促进自己的教学手段、教学模式和教学方法等的变革。组内的每位教师努力以课题研究为载体,加强科研能力的培养,转变教学观念。

(陆铭 秦亚凤)

第三章

学科课程群的目标设计

　　学科课程目标是学科课程本身要实现的具体目标和意图,它有助于呈现学科课程编制者的意图,对课程设计、开发与实施具有导向作用。学科课程目标的设计,向上要考虑学校育人目标和课程目标的承接;向下要注意到学段目标和年段目标的分解。它们的关系是:学校育人目标是学科课程目标的前提,学校课程目标是学科课程目标的基本依据,明确学科课程年段目标是把握学科课程目标的标志。

学科课程目标是学科课程本身要实现的具体目标和意图。它规定了某一教育阶段的学生通过学科课程学习以后,在发展知识与技能、过程能力与方法、态度与价值观等方面期望实现的程度,它是确定学科课程内容、教学目标和教学方法的基础。学科课程目标既体现国家培养总目标的要求,又结合学生的实际情况、社会的需求和学科发展的现状,体现课程开发的有关价值取向。

学科课程目标有助于呈现学科课程编制者的意图,使学科课程不仅注意到学科的逻辑体系,而且还关注教师的教与学生的学以及课程内容与社会需求的关系。

课程目标具有导向作用,学科课程目标一定程度上制约着课程开发与教学设计的方向,合理规划学科课程目标,使师生的整个活动具有明确的指向,并能与教育目的对接,能够减少教学中的盲目性;课程目标具有控制作用,控制着教学内容,包括教学内容量的多少、难度的大小等,控制着教学进程,包括教学过程阶段的安排、时间的长短等;学科课程目标具有聚合功能,课程与教学是一种生态系统,由多种要素组合而成,各要素之间相互制约,互相影响,学科课程目标对其他要素具有统整、支配和协调作用;学科课程目标具有管理功能,学科课程目标一旦确定,就成了测评学科实施效果的重要标准,学科课程目标及其分层次、分类别的规定,也给各学科的教学活动提供了可检查、可评定的内容。

首先,学校育人目标是学科课程目标的前提。育人目标是学校课程建设的初心和宗旨,学科课程是为育人目标服务的。课程建设的逻辑起点是育人目标,只有认真研究校情、学情,确定具有本校特色的育人目标,并将育人目标转化为相应的学科课程目标,我们才可能建构出符合学生成长与发展需求的课程体系。同时,育人目标决定了课程的特质和样态,不同学校的课程建设应该有不同的特色,这个特色和样态就与每一所学校的育人目标紧密相关,即你想培养怎样的人,那你就建设怎样的课程,并通过这样的课程实施去实现育人目标。

作为一所在南菁书院旧址上办学的现代化南菁实验学校,在南菁文化的润泽下,前瞻未来发展,提出了"菁美教育"哲学,确立了培养"积正学、得正识、有实心、行实事"的未来强者的育人目标。育人目标是通过课程目标去达成的,为了实现育人目标,南菁实验学校把"积正学、得正识、有实心、行实事"这四个育人目标进行细化,形成了学校的课程目标:积正学——求良知,做真人,至善向美,正己律行;得正识——爱思考,勤探究,博学求真,守正出新;有实心——懂审美,能辨识,美益求美,灵动活泼;行实事——能实干,会健身,责任担当,勇于追梦。各个学科组围绕这些课程目标,再细化本学科课程的具体目标,开发兼备学校课程建设要求和本学科特质的学科课程。

其次,学校课程目标是学科课程目标的基本依据。课程是学校教育理念、教育思想的集中体现,也是实现育人目标、支撑办学行为、促进学生全面发展的重要载体。课程是学生的课程,课程的基本职能是促进学生的身心发展,提升学生的核心素养。而每门学科均有其特定的学科功能,学校在实施课程时,只有把学校课程目标融入到学科课程目标中,才能更好地实现学校的育人目标。结合我校的育人目标、学校课程目标和学科课程目标来说,各学科在制定本学科课程目标时,在过程与方法、知识与能力、情感态度与价值观上,就要有效落实学校课程目标。

基于学校课程目标,细化并明晰学科课程目标,有利于落实办学理念,有利于在各学段实施科学的校本课程,提升学生核心素养,从而有效落实我校"向着美的方向奔跑"的办学理念。

明晰学科课程目标,有利于整合和优化课程资源。新课标要求教师具备开发课程资源的能力,在参与课程开发的过程中不断增强课程开发意识,提高课程开发的技能。课程资源是丰富的、海量的、具有开放性的,学校确立科学明晰的课程目标,有利于教师根据自身专长和学情特点,有效整合相关资源,并科学地开发适合学生发展的课程。

明晰学科课程目标,有利于形成各学科课程链。在我校课程建设初期,学科课程内容丰富,但也存在着不同学科之间交叉、同一学科前后不连贯等问题。围绕学校育人目标,明确各学段课程目标,可以有效解决校本课程缺乏系统性和有序性的问题,从而形成体系相对科学的"课程链",一条课程链中可以包含诸多课程,每个课程在具体目标和内容设计上虽有不同,但所有课程始终围绕着一个共同的主题;组成课程链的前后课程更具有内在逻辑性,它们或者在内容上具有由简到繁的特点,或者在目标达成、应用范围上具有由易到难的特点,或者具有时间先后的特点。

最后,明确学科课程年段目标是把握学科课程目标的标志。学科课程目标既有横向的学科课程目标,又有纵向的学段课程目标,即每一门课程每个年段都有自己的目标。不同学科课程标准是不一样的,同一学科课程,不同学段的教材和课程标准的要求也是不一样的,所以学科课程目标在不同年段中要进行细化与分解。也正是在不同年段目标逐步实现的过程中,最终得以完成学科课程目标的任务。

如基于对语文课标的认识和提升语文核心素养的目的,我校"灵智语文"的课程目标围绕"语言建构与运用"、"思维发展与提升"、"审美鉴赏与创造"、"文化传承与理解"这四方面进行规划和设计,促进学生语文素养的整体提高。以"语言建构与运用"为例,在七年级学段,承续小学阶段叙事文写作基础,侧重于"能完整地记叙事件,抓住特点来表现人物或事件,突出重点,学会合理布局"。在八年级学段,则侧重于"能够有条理、有顺序地进行文字表达,并能增加叙事的起伏和细节。同时能按照要求进行口语表达,有条理、有侧重地表达自己的观点"。到了九年级,就在思维层面上提了更高阶的课程目标要求:"能够有理有据的、运用必要的论证方法来表达自己的观点,做到观点明晰,层次清晰。"为高中阶段的议论文写作打下基础。

确定学科课程目标是一个科学系统工程,一方面要深度挖掘学校和本学科的各方面优势,另一方面也要深刻反思学校发展和本学科教学中的不足。学科课程目标还应该是一个动态发展的过程,课程标准在不断调整,学校的主体——老师和学生在变化,时代在发展,这就决定我们的学科课程目标不是一成不变、一劳永逸的,而是与时俱进、动态发展的。

(许志文)

| 范例 |
方圆地理：回归育人立场的学科课程群设计

随着课程改革的不断深入，江苏省南菁高级中学实验学校地理学科组深化课堂改革，研究地理教材教法，取得了一定的成绩。目前，地理学科共有中学一级教师 3 人，其中两人研究生硕士学位，两人在江阴市地理学科基本功大赛中荣获一等奖，一人获得江阴市教学能手荣誉，是一支年轻的正在发展壮大、成长中的队伍。现依据教育部《关于全面深化课程改革落实德树人根本任务的意见》《义务教育地理课程标准（2011 年版）》等文件精神，推进我校地理学科课程群建设。

第一部分　学科课程背景

现代社会要求公民能够科学、充分地认识人口、资源、环境和社会等相互协调发展的重要性，树立可持续发展观念，不断探索和遵循科学、文明的生产方式和生活方式，这对义务教育地理课程改革提出了新的要求。

一、培养有责任感的公民需要

义务教育地理课程有助于学生感受不同区域的自然地理、人文地理特征，从地理的视角认识和欣赏我们所生存的这个世界，从而提升生活品位和精神体验层次，增进学生对地理环境的理解力和适应能力；有助于学生形成正确的情感态度与价值观和良好的行为习惯，培养学生应对人口、资源、环境与发展问题的初步能力。这将有利于为国家乃至全球的环境保护和可持续发展培养活跃的、有责任感的公民。

二、 建设地理特色学科的需要

地理学是一门研究地球表层自然要素、人文要素及其相互关系的科学,地理学本身具有综合性、地域性、开放性、实践性的特点。遵照学校提出的学科特色建设的总体构想,结合地理学科的特点,我校地理学科坚持以学生为主体,以生活为基础,重视观察、感悟、体验和实践,构建开放式、实践性、具有显著学校特色的地理学科。

三、 发展学生地理素养的需要

方圆地理旨在以地明理,借以提升学生的生活品位,增强学生的生存能力;以地启智,培养学生创新意识和实践能力,关注自然与社会;以地为鉴,促使学生形成人地协调观与可持续发展观;以地育美,培养学生从地理的视角认识和欣赏我们所生存的这个世界。理想的方圆地理是实现教师和学生角色互换的翻转课堂;是以身边的地理知识为切入点践行"心中有祖国,放眼全世界"的课程理念;是对国家课程的有益补充和延伸。

第二部分　学科课程哲学

义务教育地理课程是一门兼有自然学科和社会学科性质的基础课程,其核心素养是:人地协调观、区域认知、综合思维、地理实践力。地理课程选择与生活密切相关的地球与地图、世界地理、中国地理和乡土地理等基础知识,引导学生在生活中发现地理问题,理解其形成的地理背景,发展学生的地理思维,形成学生的地理眼光,增强学生的生存能力,提升学生的生活品位,帮助学生学习对终身发展有用的地理。地理课程引导学生从地理的视角思考问题,关注自然与社会,使学生逐步形成人地协调与可持续发展的观念,为培养具有地理素养的公民打下基础,帮助学生构建开放的地理课程。

地理课程着眼于学生创新意识和实践能力的培养,充分重视校内外课程资源的开发利用。着力拓宽学习空间,倡导多样的地理学习方式,鼓励学生自主学习、合作交流、积极探究。

地理学视域浩瀚,兼有理科和文科的双重特质,既务实理性,又美丽浪漫;地理学以区域环境为载体,日月星辰、蓝天白云、花香鸟语、江河湖泊都是其研究的对象,地理学科的精神是对自然进行人文关怀,其核心理念是尊重自然以及人类与自然和谐共处的可持续发展观念,地理能教会学生更好地决策,更好地生存,能指导学生理性地生产和消费,学会欣赏自然的美,理解人类的不同生活状况,形成特殊的审美意识与品格。

我校提出"方圆地理"的学科理念,立足于课程的基本性质,即区域性和综合性,注重学生学习对生活有用的地理和对终身发展有用的地理,构建开放的地理课程,充分重视校内外课程资源的开发利用,着力拓宽学习空间,倡导多样的地理学习方式,培养和形成学生正确的人地观和可持续发展的观念。

一、"方圆地理"是与生活关联的地理

地理课程内容应该紧密联系生活实际,突出反映学生生活中经常用到的地理现象,和可能遇到的地理问题,帮助提高学生的生活质量和生存能力。早在20世纪初,美国教育家杜威就强调,学校的最大浪费是学生在校接受一种脱离生活的教育。这种教育会使学生步入社会后一段时间内,感到很难把自己的所学运用到生活实践中,面对待解决的实际问题,感到在校是一个无用的学习的过程,那么让在校学生的学习与他们的生活接轨,最大限度地让学生接触社会生活,则是缓解这一矛盾的有效途径。

"方圆地理",就是要通过建立地理与学生现实生活的联系,体现下述感觉追求:使学生领悟和认识地理学科在解释周围环境,不同尺度区域乃至全球的各种自然特征与人文现象中的独特作用,初步学会选择与评价空间位置,能够理解现代社会中各种生活现象的地理原因,理解不同生活方式的地理背景,正确鉴赏各具特色的人文地理景观,理解地理的趣味性和挑战性,感受地理学的美,培养学生地理的兴趣,形成对自然的人文关怀,才能更好地适应生活,欣赏生活,规划生活,认识地理对于未来进一步学习的作用,能够面对纷繁复杂的生活实践,不断保持健康积极的生活态度。

二、"方圆地理"是具有思维属性的地理

地理思维是人们根据思维的共同规律,认识地理事物,把握地理事物的本质,揭示其内部联系,达到对地理事物规律性的认识过程。按照思维的逻辑属性,地理思维主要有"地理形象思维"、"地理逻辑思维"和"地理辩证思维"三种类型。在这些思维方式中,最基本的方式是地理逻辑思维,所以在教学中培养学生的地理思维能力,要以地理逻辑思维能力为主。地理逻辑思维的基本形式是抽象概括、判断推理、分析综合、科学假设等,它们都离不开比较。

《课程标准》指出:"在教学中,要根据地理学科的特点,注意培养学生的地理思维能力。""方圆地理",在教学过程中,就会采取不同的思维方式,许多地理事实材料的描述和地理观念的形成,都需要运用形象思维;揭示地理事物的形成、发展与变化的过程,需要运用逻辑思维;阐明地理事物之间和人地之间的联系与关系,则要运用辩证思维。

三、"方圆地理"是具有空间感的地理

"方圆地理"是具有开放空间的地理,但凡涉及地理事物空间分布、空间联系、空间结构的内容,都要运用空间想象与空间思维的方式。地理学区别于其他学科的一个非常显著的特点是空间性。地理学是从空间的角度来研究地球表层系统的。学生只有把所学的知识还原到相应的空间位置上,才能理解其产生的原因。如果学生学习地理,在头脑中不能形成清晰的地图表象,地理空间观念模糊不清,我们地理教师和学生在教学过程中又忽视了地理学科的独特性和地理知识的空间分布特点,学生学习地理,就会效率低、图文分家、地物移位。方圆地理,就是要着眼于学生地理空间感的建立,着眼于学生创新意识和实践能力的培养,充分重视校内外课程资源的开发利用,着力拓宽学习空间,倡导多样的地理学习方式,鼓励学生开阔视野,积极探索。

总之,方圆地理,能帮助学生学习对生活有用的地理。它有助于帮助学生学会欣赏和尊重我们所生活的世界,尊重大自然的规律,形成正确的人口、资源、环境观念及

可持续发展的观念。古语说：方中有圆,圆中有方,方圆相济,人类行为只有充分尊重自然规律、尊重我们所生活的这个世界,人地关系才能够圆满和谐地发展。因此,初中的地理课程有助于帮助学生认识地理的"方圆",认识世界的"方圆",从而实现人生的"方圆"和整个人类生活的"方圆"。

第三部分　学科课程目标

现代社会要求公民能够科学、充分地认识人口、资源、环境和社会等相互协调发展的重要性,树立可持续发展观念,不断探索和遵循科学、文明的生产方式和生活方式。初中地理课程有助于学生感受不同区域的自然地理、人文地理特征,从地理的视角认识和欣赏我们所生存的这个世界,从而提升生活品位和精神体验层次,增进学生对地理环境的理解力和适应能力;有助于学生形成正确的情感态度与价值观和良好的行为习惯,培养学生应对人口、资源、环境与发展问题的初步能力。

初中地理通过学习对生活有用和对终身发展有用的地理,通过引导学生在生活中发现地理问题,理解其形成的地理背景,提升学生的生活品位,增强学生的生存能力;初中地理通过引导学生从地理的视角思考问题,关注自然与社会,使学生逐步形成人地协调与可持续发展的观念,培养学生的地理素养;初中地理充分重视校内外课程资源的开发利用,着力拓宽学习空间,倡导多样的地理学习方式,培养学生的创新意识和实践能力。

一、 学科课程总体目标

为了激发学生学习地理的兴趣,提高学生的学科素养,帮助学生了解地理科学探究的基本过程和方法,培养学生的科学探究能力,培养学生初中地理学科核心素养,我校提出如下地理学科课程总体目标。

(一) 地图技能

地图既是地理学习的重要内容,又是地理学习的重要工具。地图的类型相当丰富,既有传统的纸质地图,又有现代的电子地图。引导学生把握地图的"三要素",且能从地图中获取、整理和运用信息来分析解决地理问题,是初中地理教育的主体任务之一。也就是说,初中地理课程中的识图、绘图、用图能力的培养是地理素养的关键所在。

(二) 区域认知

初中地理课程内容以区域地理为主,展现各区域的地理位置;各区域地形、气候等自然环境特点及其对交通、农业、工业、旅游业、人口、城市等人文环境的影响。区域认知是一种学科能力品质,是认识空间位置、空间分布格局所应具备的核心素养。有助于帮助人们正确认识人类与地理环境发展中的空间关系,如空间位置、形态、组成、层次、排列、格局、联系和制约关系等,而上述认识将进一步引导人们深入思考人类如何生活在地球上。因此,培养学生的区域认知是初中地理教育的又一价值追求。

(三) 综合思维

地理是一门综合性的学科,既包括自然、经济、政治、社会文化等综合要素及其之间相互关系的综合研究,又包括地貌、水文、气候、植被、土壤、人口、聚落、工业、交通等要素及其之间相互关系的综合研究。无论是对区域环境特征的归纳,还是对区域发展问题的理解,都需要调用区域分析与综合的方法去认识和把握,需要综合考虑区域内各自然要素的相互联系与相互作用,以及对人类活动的综合影响。选择合适的地理知识或与之相联系的其他学科知识,探究区域中的地理事物,具有明显的综合思维特征。因此,综合思维的培育理应成为地理教育核心的内容之一。

(四) 人地关系

地理科学以研究人地关系为主线,以探索可持续发展路径为主旨。通过地理学习,学生除了掌握必要的地理知识、技能和方法外,更重要的是形成人的生命发展质量及终身发展所需的地理意识和观念。可见树立可持续发展观、人地协调观、环境伦理观、科学的人口观和资源观,运用正确的"人地观念"审视人类自身的各项活动,让学生成为对环境、未来有强烈责任感的现代公民是初中地理教育的重要使命。

二、 学科课程年段目标

义务教育地理课程分为四大部分:地球与地图、世界地理、中国地理、乡土地理。我校地理学科课程体系以基础性课程(即国家义务教育地理课程)和拓展性课程组成。下面分年段具体表述:

(一) 七年级课程目标

七年级第一学期以"地球与地图"为主题。"地球与地图"是学习区域地理的基础,通过国家基础课程和学校拓展性课程,让学生掌握地球与地图的基本知识,通过读图能初步说明位置、地形、气候等自然地理要素在地理环境形成中的作用以及对人类活动的影响,初步认识人口、经济和文化发展的区域差异。通过比较、分析、归纳等思维过程,形成地理概念,归纳地理特征,理解地理规律。了解人类所面临的人口、资源、环境和发展等重大问题,初步认识环境与人类活动的相互关系。结合学生认知能力,教师在拓展课程中积极开展自主学习、动手探究、提高读图识图的技能。掌握地球与地图的基础知识,能初步说明地形、气候等自然地理要素在地理环境形成中的作用以及对人类活动的影响;了解世界的地理概貌,了解家乡与祖国、中国与世界的联系。掌握阅读和使用地球仪、地图的基本技能;掌握获取地理信息并利用文字、图像等形式表达地理信息的基本技能;掌握简单的地理观测、地理实验、地理调查等技能。运用已获得的地理基本概念和地理基本原理,对地理事物和现象进行分析,作出判断。增强对地理事物和现象的好奇心,提高学习地理的兴趣以及对地理环境的审美情趣。

七年级第二学期以"世界地理"为主题。"世界地理"是学生认识区域的主要组成部分,通过学习,使学生能初步说明地形、气候等自然地理要素在地理环境形成中的作用以及对人类活动的影响;初步认识人口、经济和文化发展的区域差异;尊重世界不同国家的文化和传统。了解人类所面临的人口、资源、环境和发展等重大问题,初步认识环境与人类活动的相互关系。初步形成尊重自然、与自然和谐相处、因地制宜的意识及可持续发展的观念,增强民族自尊心、自信心和自豪感,理解国际合作的意义,初步形成全球意识。

除国家基础课程规定的少量区域外,增添其他一些国家和地区作为学校地理学科拓展性课程。依据课程标准我们将认知区域的基本地理要素和学习区域地理必须掌握的基础知识与基本技能作为教学工作的重要内容。

(二) 八年级课程目标

八年级第一学期以"中国基础地理"为主题。"中国基础地理"是学生认知祖国的主要组成部分。目标是让学生了解祖国的疆域与行政区划、人口与民族的特点,能运用地图概括我国地形、气候、河流、自然现象等自然环境的特征。使学生了解我国交通、农业、工业等人文活动的差异,了解自然环境对我国具有地方特色的服饰、饮食、民居的影响。

除基础课程外,结合学校人文环境通过多元化的实施方法拓展其他一些自然和人文要素,如拼图、合唱、朗诵、舞蹈等活动展现祖国大好河山,为培养"心怀祖国放眼世界"的有地理素养的公民打下基础。

八年级第二学期以"中国区域地理"和"乡土地理"为主题。

"中国区域地理"要求学生掌握我国四大地理区域的范围及其自然地理环境的差异以及对生产、生活的影响。能运用地图及资料识别各区域的地形、气候、产业结构的特征以及产业布局、人口、城市的分布特点。能举例说出区际联系对区域经济发展的意义;能根据资料,分析某区域内存在的自然灾害与环境问题,了解区域环境保护与资源开发利用的成功经验。

"乡土地理"以义务教育地理基础课程为基础,通过学生收集的家乡江阴的资料,说明区域发展对生活方式和生活质量的影响。运用地理知识和技能,开展以环境与发展问题为中心的探究式实践活动。

综上所述,通过研究不同地理区域内人们的民居服饰、饮食、经济活动、经济水平等各方面的差异,找出经济活动与环境之间的关系,认识地理区域性的特征。向学生展现各区域的自然与人文特点,阐明不同区域的地理概况,发展差异与区际联系。我校秉承"方圆地理"的理念,围绕以上课程目标,发展学生的地理核心素养,培养具有创新意识和实践能力的学生。

第四部分　学科课程体系

地理学是研究地理差异的科学。区域研究在地理学中是极为重要的,区域概念是地理学的基本观点,区域地理是地理学的核心。我校通过地理学科地域性的研究,培养学生读图绘图技能、区域认知水平、综合思维能力和人地关系协调发展等方面的地理学科品质,并让学生在初中两年内学习地理的过程中,实现三维目标,使学生学习到对生活有用的地理、对终身发展有用的地理,为学生以后走入社会和生活打好基础。

一、学科课程结构

我校课程分为基础性课程和拓展型课程。基础性课程主要培养学生终身发展和适应未来社会所需的共同基础;拓展型课程主要满足学生的个性化学习需求,开发和培养学生的潜能和特长,提升学生的生活品味,提高学生的生存能力。我校基础性课程主要以国家统编教材为教学媒介,践行国家课程。拓展性课程的开展则依据我校师生及学校人文环境的影响。

我校地理学科课程分为四个方面:地球与地图、世界地理、中国地理、乡土地理(见图 3-1)。

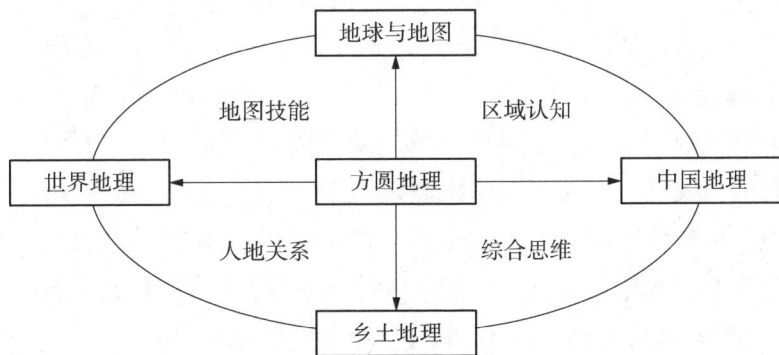

图 3-1　"方圆地理"课程结构图

具体表述如下：

（一）地球与地图

"地球与地图"是学习区域地理的基础，但义务教育地理课程原则上不涉及较深层次的地理成因问题。结合学生认知能力，教师探索出在拓展课程中积极开展自主学习、动手探究、提高读图识图的技能，初步形成全球意识。

（二）世界地理

"世界地理"是学生认识区域的主要组成部分，除课表规定的少量区域外，其他区域均由教材编写者和教师选择。依据课程标准我们将认知区域的基本地理要素和学习区域地理必须掌握的基础知识与基本技能作为教学工作的重要内容。

（三）中国地理

"中国地理"是学生认知区域的主要组成部分，除课表规定的少量区域外，其他区域均由教材编写者和教师选择。结合学校人文环境通过多元化的实施方法，如拼图、合唱、朗诵、舞蹈等展现祖国大好河山，为培养"心怀祖国放眼世界"的有地理素养的公民打下基础。

（四）乡土地理

"乡土地理"既可作为独立学习的内容，也可作为综合性学习的载体。学生可以通过收集身边的资料，运用掌握生物地理知识和技能，开展以环境与发展问题为中心的探究式实践活动。

总之，我们通过研究学习地球和地图的知识，了解中国和世界的自然和社会环境，来分析区域差异，让学生学会综合分析地理事物及其发生发展的影响因素，培养学生整体把握地理特征的能力。提高学生统领分析地理环境诸要素作用的能力，以及发展学生综合全面分析地理问题的能力。让初中学生初步了解人类面临的人口、资源、环境问题，最终为人类走向可持续发展树立正确的观念。

二、 学科课程设置

依据《义务教育地理课程标准》(2011 年版)、地理学科核心素养以及我校地理学科特色目标,我校"方圆地理"的学科课程体系,设置国家基础性课程和拓展课程两个方面。除了基础课程之外,拓展课程依据初中学生地理知识及地理素养的认知和发展规律,从七年级、八年级两个学年段进行课程布局(见表 3-1)。

表 3-1　方圆地理学科课程设置表

年级/学期/类型		地球与地图	世界地理	中国地理	乡土地理
七年级	上学期	1. 绘制南菁校园平面图 2. 自制乒乓球地球仪 3. 制作土豆地形图 4. 辩论赛 1(人多好还是人少好) 5. 辩论赛 2(乡村好还是城市好)	七大洲、四大洋拼图游戏	小小气象员(模拟天气预报)	1. 黄山定向越野 2. 参观江阴气象局 3. 兴国园寻宝游戏
	下学期	1. 冰屋与气候 2. 东南亚民居与环境	1. 阿拉伯传统服饰研究 2. 日本"道"文化 3. 印度种姓制度 4. 巴以冲突 5. 西餐礼仪 6. 黑人文化 7. 巴西桑巴足球 8. 美国硅谷	1. 中印人口对比 2. 世界屋脊	江阴餐饮文化
八年级	上学期	行政区拼图游戏	火车的前世今天	1. 民族大舞台 2. 辩论赛(人多好还是人少好) 3. 地形拼图游戏 4. 诗词里的冷热干湿	生活中的高新技术

年级/学期/类型		地球与地图	世界地理	中国地理	乡土地理
八年级	下学期	1. 江阴地方时与北京时间 2. 江阴地图绘制	1. 一带一路 2. 中国油气供给	5. 自制水土流失小实验 6. 四大米市 7. 四大火炉 1. 南北不同知多少 2. 南北传统服饰 3. 藏袍与酥油茶 4. 窑洞与秦腔 5. 京剧与四合院 6. 长调与帐篷 7. 山西土质与醋 8. 南米北面 9. 长三角的昨天与今天 10. 西部大开发	1. 江阴历史沿革 2. 江阴风土人情介绍 3. 社区简单地图制作 4. 江阴水污染调查 5. 江阴土地资源调查 6. 江阴工业资源分布 7. 居民调查(环境满意度) 8. 辩论赛 1:（江阴更美了吗） 9. 辩论赛 2:（江阴发展与环境保护哪个更重要）

第五部分　学科课程实施与评价

"方圆地理"课程围绕"方圆"二字,为了让学生深入领悟到地理学科研究内容的广博、自然与社会的环境协调发展的规律,理解地理学科的综合性、地域性和实践性等特点,树立正确的科学发展观,关键要有成熟多样的形式和方法,合理的评价方式,从而在课程实施中落实我校"方圆地理"课程目标,提高师生的地理素养和合作管理能力。

一、建构"方圆课堂"，落实学科基础课程

"方圆课堂"指在绝大部分的地理课堂中，教师根据 2011 年版地理课程标准设置的教学目标、教学内容的特点，结合学生的年龄特征、学校条件以及教师自身特质灵活选择合适的地理教学方式的课堂。在课堂上，能够运用多样化的教学方法，坚持启发式教学原则，提倡探究式学习，培养学生的探究意识，引导和鼓励学生独立思考、自主学习，体验提出问题、分析问题和解决地理问题的过程，逐步掌握分析和解决地理问题的方法。

教师要指导学生学习与课标密切结合的内容，这些内容也是方圆地理的基础课程，能让学生以优异的成绩顺利通过初中结业考试。

（一）"方圆课堂"的基本要求

"方圆课堂"以学生为本，全方位、多层次、多角度地采用各种学生喜欢的教学方式来动态地实现三维教学目标。通过"方圆课堂"平台搭建，令学生发挥学习主动性，在学习地理知识的时候，关心身边的事，放眼中国与世界，所谓"上知天文，下知地理"，并且运用地理助力生活，从小课堂走向大生活。

"方圆课堂"是饱满的课堂，指向学习目标和师生情绪的饱满。即教学目标在课标要求的基础上要拓宽和适当拓深，师生在课堂上始终都应该情绪饱满，精神抖擞，目光有神，满怀激情，对上好课充满信心。其中，教师的引导、示范和带动尤其重要。如在讲解不同的教材内容时，应该表现出不同的神情。用热情自豪的神情讲解祖国的风景秀丽、资源丰富，用严肃忧虑的神情讲当前面临的环境、人口等问题，用充满信心的神情讲祖国未来的前景。这样，学生就会情不自禁地与教师的喜、怒、忧、乐发生共鸣，达到"未听曲调先有情"的境界。

"方圆课堂"是立体的课堂，指向教学内容的立体。即横向是掌握各地理要素的时间分布规律，纵向是掌握各地理要素的空间分布规律，侧向与多学科多部门联系。这样，要调动身边的资源和当今的时事热点，最大化地利用了信息技术的优势，从而使学生主动、高效地学习。让学生充分享受地理的综合思维和地域差异的美，提升时空思

维品质,在头脑中形成立体化的知识网络,培养其综合分析问题的能力。

"方圆课堂"是体验的课堂,指向教学方法的体验。即课堂中有丰富的动手活动,注重情境教学。这样可以充分调动学生的听觉、视觉,特别是触觉。遵循学生主体性原则和合作性原则。要掌握学生的心理活动,让学生知道只有合作才能共赢,增强学生的团队合作意识和提升学生动手实践能力。

"方圆课堂"是缤纷的课堂,指向教学方法的缤纷。即采用多元教学方式达成课标。如采用交互式电子白板、角色扮演、课堂小实验、上台演示、头脑风暴、分组比赛、幽默授课、思维导图等丰富的授课方式。总之,是应时应地应生地、灵活地采取不同色彩的方案动态生成课堂,让学生在玩中学、学中玩,从而提高学生的上课兴趣和效率。

"方圆课堂"是唯美的课堂,指向教学文化的唯美。即主观与客观的美,是圆满和谐的课堂。即课堂内容、教师语言和师生关系的美。教师要合理安排课堂教学内容,重点突出,难点有效突破,教师语言流畅丰富、抑扬顿挫和幽默风趣,师生关系融洽和谐。教学内容要"真",即真知、真理,符合规律性。课堂要因班施教、因人施教,是启发式课堂,是激发生命活力的课堂,唤起学生沉睡意识的教学。让学生处处感受到美,向着美的方向奔跑,在美的体验中成长。

(二)"方圆课堂"的评价要求

"方圆地理"基础课堂评价主要从以下五个方面:饱满的课堂、立体的课堂、体验的课堂、缤纷的课堂和唯美的课堂。让学生和教师都参与评价来打分,每项 20 分,满分 100 分(见表 3 - 2)。

表 3- 2　"方圆地理"基础课程评价表

	具体要求	满分值	评分
饱满的课堂	指学习目标和师生情绪的饱满。即教学目标在课标要求的基础上要拓宽和适当拓深,师生都应在课堂上始终情绪饱满。	20 分	
立体的课堂	指教学内容的立体。即横向是掌握各地理要素的时间分布规律,纵向是掌握各地理要素的空间分布规律,侧向与多学科多部门联系。	20 分	

续表

	具体要求	满分值	评分
体验的课堂	指教学方法的体验。即课堂中有丰富的动手活动,注重情境教学。	20分	
缤纷的课堂	指教学方法的缤纷。即采用多元教学方式达成课标。	20分	
唯美的课堂	指教学文化的唯美。即主观与客观的美,是圆满和谐的课堂。即课堂内容、教师语言、师生关系的美。	20分	

二、 建设"方圆课程",落实学科拓展课程

我校充分考虑到校情和学情,要在适当时间落实好拓展性课程,完成以"乡土地理"为主体的拓展性课程,主要内容是围绕放眼全球,立足乡土来研究人地关系,从而提高学生的地理素养。引导学生充分挖掘生活中的地理,从身边做起,提高学生的地图技能和综合思维能力,从而提升学生分析解决问题的水平。

(一)"方圆课程"的建设要求

方圆地理的学科拓展课程,就是立足地方,实现课程开发的生活化、乡土化:依据地理学科生活性和实践性的学科特点,努力从生活中挖掘素材,让学生从生活入手,使学生能密切关注和获取有关家乡的社会发展的各种信息资料,能运用各种学科知识发现问题、提出问题和研究问题,从而树立作为江阴的公民所应有的社会责任感,并具有参与社区实践活动的意识和能力,学习对生活有用的地理;同时结合地理区域性的特点,从生活的江阴入手,认识地理环境的区域性,开发一些具有乡土气息的地理课程,使学生更加了解自己的家乡,增强家乡自豪感。

对于落实的时间,可以在一周两节的课堂中挤出时间,还可以灵活使用课堂外的时间。对于课堂外的时间,如果出去活动,如兴国园寻宝游戏、黄山定向越野、参观江阴气象局等拓展课程,一般需要至少两节课的时间。可以和教务处商量,把时间调成两节连上,还要有其他管理老师或家长协助管理,加强学生的安全教育。也可以利用

每周一次的选修课,不过涉及的学生比较少。还可利用周末或假期的时间,在家长和学生的支持下组织学生活动。

对于实施的方式,教师需要做大量的工作去收集整理资料,做到胸有成竹,并不断地实践和总结。还要学校出面获得相关部门的支持。

(二)"方圆课程"的评价要求

要改变过去单独由教师评价学生的状态,使评价对象从被动接受评价逐步转向主动参与评价,鼓励学生本人、同学和家长等参与到评价中,特别是自我评价,一方面提高学生的学习积极性和主动性,另一方面也提高学生的自我反思能力。如:在日常教学中,当学生回答问题或小组合作时,让其他同学或小组给予评价;或者定期让同学和家长在成长记录上对学生进行评价。

除了书面形式的试卷测验,以及口头表达、描绘地图、绘制地理图表、读图分析等常见的评价形式外,也可通过学生在讨论、实地观测观察、探究等活动中的表现来评价学生的学习。同时还要根据需要采用访谈、自我报告、活动记录、作业、作品展示和小论文等评价方式。重视学生的自评和互评,评价结果采用评语和等级评价相结合的方式。

三、 创设"方圆地理节",浓郁学科学习氛围

众所周知,孩子们几乎没有不喜欢过节的。中小学根据一定主题设计的校园节日是学校课程实施的重要形式,也是学校活跃学习氛围的基本做法。

节庆学习即是围绕一个或多个经过结构化的主题节日进行学习的一种方式。在这种学习方式中,"主题节日"成为学习的核心,而围绕该主题的结构化内容成了学习的主要对象。地理节即采取多样的节日活动形式,不仅学生喜欢,而且也更容易使知识得到渗透,从而提高学生学习地理的乐趣和培养学生的地理素养。

(一)"方圆地理节"的基本要求

本校地理节,体现"方圆"的广阔之意,设置两大类节日。一是世界和中国的重要

的与地理环境相关的节日。如世界湿地节、世界水日、世界气象节、地球日、世界无烟日、世界环境日、世界防治荒漠化与干旱日、中国植树节、全国土地日等等。二是教师或学生根据时代要求和学生的需要，设置本校特色的节日。如国旗博览会、舌尖上的江阴、异域风情服装展、我带大家去旅行等等。

在校园节日的各个环节要精心设计。要让学生自己设计、策划、实施和评价，教师可以稍作指导。即从选定主题到活动环节、到活动呈现等都让学生参与进来，从而让学生的学习主动性可以得到比较好的发挥。比如：

国旗博览会，让学生亲手制作一面国旗，在培养动手操作能力的基础上，拓宽思路、积极思考，寻找制作国旗的其他方法；对搜集到的国旗资料进行整理，并积极准备，借助图片等有条理地、有重点地介绍国旗的故事。

舌尖上的江阴，以小组为单位，动手制作 1—2 道江阴特色美食。从食材的选择、加工，再到菜系不同，理解饮食文化的精髓，进而深刻体会本土文化。让学生充分感受地理有趣、有用、生活化。

异域风情服装展，收集相应国家和地区的服饰照片，根据照片与学生一起用简易材料制作服装。每小组派学生代表展示小组制作的服装，并向大家介绍该服饰的特点及其与自然和社会环境的关系。

（二）"方圆地理节"的评价要求

要让校园主题节日活动常态化、持续化，机制建设和评价方式探索显得非常重要。如设置"最佳节日评选活动"，评选"最佳创意奖"、"最佳人气奖"、"最佳时尚奖"、"最佳娱乐奖"等奖项，让学生设计评价方案，参与评选；定期开展"校园节日大比拼"展示活动，通过"节日名片"、"节日卡通形象"、"节日故事"、"节日之花"，呈现丰富的节日文化。当然，学校还可以编制《校园节日活动手册》，举办"年度品牌节日"论坛，集中展示回顾全年进行的活动。

四、 创建"方圆社团"，发展地理学习兴趣

社团是校园文化的重要载体，是学生身心发展、拓宽兴趣和开阔视野的主要阵地，

是完善学生知识结构,展示学生个性,发展特长、内化能力的第二课堂。对于学生来说,社团是一个熔炉,能够锻炼自己的能力;社团是一个舞台,能够展现自我的风采。

根据校情,我们地理组成立了"方圆社团",本社团营造良好的学习氛围,以拓展学生的地理知识,锻炼学生的实践能力,丰富学生的课外生活,提高学生的综合素质为宗旨。每组要根据成员的个性特征定好组长、记录员、纪律员、观察员、环保员等。

(一)"方圆社团"的基本要求

本校地理社团,针对部分对地理感兴趣的学生,可以提高他们的地理活动能力。一方面,立足校园开展地理实践活动。例如,利用学生已学过的地图知识,以"我帮学校做规划"为主题,开展地理实践活动,从而达到构建开放的地理课堂、拓宽学习空间、培养学生热爱学校和保护环境责任感的目的。另一方面,让社团的学生充分利用自己的时间,主要是周末和寒暑假实践开展本地或邻近地区有关地理的社会实践和调查活动。比如,环保宣传、旅游、找书上的实际案例、观看天文现象、动手测量夏至日正午时太阳的高度、观看特殊的天文现象等。

(二)"方圆社团"的评价要求

主要让学生自己组织活动后进行他评。即当活动结束后,无记名地让本组其他两位学生进行评价(见表 3-3)。

表 3-3 方圆社团评价表

班级：　　　　　　　　　　小组：
姓名：　　　　　　　　　　成绩：

评价项目		评价标准	评价结果		
			优	良	中
资料收集	丰富	资料是否丰富多彩			
	真实	资料是否真实可信			
专注学习	学习态度	学习态度是否端正			
	学习准备	学习准备是否充足			
	学习过程	能否及时记录			

评价项目		评价标准	评价结果		
			优	良	中
	合作学习	能否积极与组内成员合作学习			
	小组交流	能否与他人交流分享			
	学习收获	学习成果呈现是否准确			
纪律意识	服从管理	能否服从组长管理			
	听从指挥	能否听从老师指挥			
团队意识	组织	团队能否组织有效的活动			
	交流	小组内是否进行有效的交流			
	协作	团队内是否进行有效的协作			
	和谐	能否营造和谐的团队氛围			

五、 实施"方圆研学"，拓宽地理学习视野

2016 年，教育部等 11 个部门联合出台《关于推进中小学生研学旅行的意见》，提出全国各中小学要开展研学旅行，初中阶段建设以县情市情为主的研学旅行活动课程体系。研学旅行有益于学生增长知识、了解民俗、体验人文，被人们称为"会行走的教室"。

研学旅行课程使学生走出教室，实现了读万卷书，行万里路，学而实践之，知行合一。而地理学科有别于其他学科的最大的特色在于实践性和地域性，推进行走学习对于地理课程的有效实施起着至关重要的作用。能让学生领略自然山水，感悟历史古迹，在研学中了解文化。

（一）"方圆研学"的基本要求

由于初中学生生活自理能力相对有限，所以此项活动需要教师进行专业的随时随地的指导，根据距离远近的不同，分为两类：一是对本地或邻近地区考察和社会调查。

了解并探索身边的自然与社会环境，了解生活的家园。即针对当地的自然人文环境在边走边看中提出问题，对于解决问题，可以当时解决，也可以延后或长或短的时间。二是对外地的考察和社会调查。主要安排在时间充裕的寒暑假，教师带领部分有条件的学生进行较远较长时间的研学旅行。由于是异地几天的考察学习，所以需要个别家长针对安全方面进行协助管理。

教师需要在以下两个过程做好准备。行走前：教师提前做好研学规划，制定课程纲要，设计活动方案和评价方式，能编制研学教材，发给学生。学生根据教师提供的研学纲要，提前查阅相关资料，充分做好研学功课。行走中：根据研学课程，教师按照研学规划，精心组织学生活动，引领学生在行走中不断观察和思考，指导学生记录和整理，启迪学生探索知识与社会、知识与生活的链接，在研学体验中感悟和内化。

学生则需要以下三个过程。"行"前先做查阅资料、了解景点、调查路线等准备工作；"行"中做好观看、欣赏、拍照、记录、解说和提出问题的工作，找准景点的风光特点或历史典故，尤其注意"安全第一"；"行"后写下自己的独特感受，和家长、同伴一起分享和解决问题。

研学内容可以分为以下三大类：

第一类，走进大自然之研学。我们的国家幅员辽阔、山河壮美，有许多研学的课程资源。如，到湖州长兴金钉子地质遗迹公园；走进花园口黄河游览区，认识黄河水文特征和黄河文明，感受母亲河的魅力；到泰州兴化潆潼湿地，了解湿地的作用。

第二类，走进社会之研学。乡土地理是必学内容，能帮助学生认识学校所在地区的生活环境，有助于增强学生爱祖国、爱家乡的情感。因此，我们因地制宜地以"江阴板块"为主题开展了社会调查和乡土地理考察。

第三类，走进真理之研学。义务教育地理课程原则上不涉及较深层次的地理成因问题，但是搞清"为什么"有助于学生了解"是什么"。因此走进江阴博物馆和上海自然博物馆等科普馆，能更好地帮助学生学习地理知识。

（二）"方圆研学"的评价要求

在研学结束，教师指导学生根据研学评价标准，进行成果收集、整理、展示，在此基础上进行自我评价、小组评价、教师评价。教师撰写研学心得,学生撰写研学报告。教师负责集结成册,形成研学课程成果(见表3-4)。

表3-4　方圆课程研学旅行评价表

班级:　　　　　　　　　　小组:

姓名:　　　　　　　　　　成绩:

评价项目		评价标准	评价结果		
			优	良	中
时间观念	守时	能否按时集合、参观、乘车			
	出勤	是否无故缺勤			
专注学习	学习态度	学习态度是否端正			
	学习准备	学习准备是否充足			
	学习过程	能否及时记录			
	合作学习	能否积极与组内成员合作学习			
	小组交流	能否与他人交流分享			
	学习收获	学习成果呈现是否准确			
纪律意识	服从管理	能否服从组长管理			
	听从指挥	能否听从老师指挥			
	规范参观	能否按照安排有序参观			
文明礼仪	乘车	是否文明乘车			
	参观	是否文明参观			
	礼仪	是否注重礼仪规范			
	交往	是否和他人文明交往			
团队意识	组织	团队能否组织有效的活动			
	交流	小组内是否进行有效的交流			
	协作	团队内是否进行有效的协作			
	和谐	能否营造和谐的团队氛围			

一、价值引领

我校提出"方圆地理"的学科理念,既立足于课程的基本性质——区域性和综合性,又充分重视校内外课程资源的开发利用,着力拓宽学习空间,构建开放的地理课程,倡导多样的地理学习方式,培养和形成学生正确的人地观和可持续发展的观念。

我们将秉持"方圆地理"紧密联系生活、着眼思维提升、建设有空间感的课程理念,积极研究不同地理区域内人们的民居、服饰、饮食、经济活动等各方面的差异,使学生感受各区域的自然与人文特点,认识地理区域性的特征,认识人地之间的不同关系。积极建立起"方圆地理"与学生生活实际联系,能帮助学生学会欣赏和尊重我们所生活的世界,尊重大自然的规律,形成正确的人口、资源、环境观念及可持续发展的观念。我们将"发展学生的地理核心素养,构建学生的地理空间思维,培养学生的创新意识和实践能力"作为学科的共同追求。

二、团队建设

为提升组内教师的教育教学水平,我们要抓好落实地理学科组建设,积极开展地理备课组活动;进行经常性的组内听课、评课,经常采取走出去、请进来的教学交流方式,努力吸收先进的教学手段和理念;组织教师积极参加理论学习和聆听专家讲座,努力提升教育教学理论水平。

对组内各成员而言,要认真做好教学常规工作,精心准备好每一堂课,让学生充分感受地理的魅力。促进青年教师的快速成长;积极撰写教育教学论文,提升自己的教育教学理念;积极参加各级各类教学比赛和评比活动,努力提高个人教学水平;合理规划个人发展目标,以目标促行动,以目标促发展。

三、 制度建构

1. 教研制度。教研活动规范化、精准化，每次活动"四定四有"：要定时间、定地点、定内容、定中心发言人，有计划、有准备、有记录、有材料。除了备课这个中心议题外，还要有计划地开展相关学习活动。另外针对学生的学习态度和学习方法等问题作专题讨论，对学生进行诊断、心理指导、学科辅导等。通过各种不同形式的教研活动提高地理组的教学水平和教育科研能力。

2. 选修制度。教师根据教学要求和自己的实际情况，提出关于选修课程设置的设想。申请开设选修课程的教师首先必须写一份详细的《教学大纲》，同时撰写该课程的教材，申请开设选修课程的教师必须充分备课：撰写教案、讲义或制作教学幻灯片。学生上选修课首先要认真填写课程登记表，应严守学校纪律，不得迟到、早退、旷课。每次上课都要填写上课登记表。如有特殊原因不到，需有请假条。任课教师在第一堂课需给学生介绍管理制度。教师自己也要认真遵守相关制度，有事必须请假，并对课程做出妥善安排，同时教师要对本课程选修学生的上课情况严格考勤记录并做好学生成绩的评定。

四、 时间管理

课程的开发以学期为时间单位，每位学科教师依据自己的特长和优势，每学期开发两个课程，利用好每周五的备课组活动的时间，就自己课程中的难题开展组内讨论，专人负责，困难合力解决。争取在三五年内开展出丰富多彩的有学校特色的拓展性课程。

地理学科除了每周两节国家基础课程以外，每周开设一节课作为拓展性课程课堂，除去期中考试和其他一些活动的影响之外，每学期大概有十五课时。每学期学生有两次机会选修自己喜欢的课程。根据学生的出勤和期末的考核评定学科成绩。

五、 课程研修

在学校更多地为教师搭造平台的前提之下,教师有更多机会展示、观摩和学习,并积极参加各级评优课、基本功竞赛、学科课题研究等。教师要积极参与业务进修,多渠道提高学历层次和业务水平,多组织外出参观学习,培训学习更多的先进理念和开阔的专业视野。同时通过校本研修、课例研究、培训和反思,及时总结和归纳,梳理并提炼教学经验,形成教师个体的独特的教学智慧,从而力争形成教师个体和教研组的教学风格。

另外,定期召开"方圆地理"研讨会,更新思想,创新模式,举办区域合作论坛如"专家与地理"、"地理与生活"、"地理公开课"等系列活动,邀请地理专家、省市地理学科名师、优秀毕业生来校参与活动,分享智慧。通过这些活动,力求使我校地理组老师"视野有宽度,思想有深度,理论有高度"。

六、 课题研究

申报"方圆地理"研究课题。以课程开发为契机,积极申报省市级研究课题,或者设立一些子课题进行相关研究,提高学科的课题研究能力,为区域内地理学科的发展做出应有的贡献。

(王侠　孙燕)

第四章

学科课程群的框架建构

学科课程群设计从根本上来说是一种体系建构，也就是将纷繁复杂的学科内容进行结构化处理。只有我们理清了学科课程群的框架结构，学科课程才具有真正的整体性、清晰性。为了建构起适切的课程框架，我们需要深入研究国家学科课程标准，借助纵横分类的方法，进行内容分类，然后群策群力，推敲琢磨，提炼出学科课程的主题词，并以此为中心，自下而上，进行头脑风暴、研讨论证。

学科课程,相对于学校课程看似简单、纯粹很多。其实,从体系建构来说,其内在的复杂性,丝毫不比学校课程逊色。因为微观层面的东西,总是极其具体琐碎。

每一个学科,都有极为丰富的知识,这是需要专门进行梳理,如果不对这些知识进行梳理澄清他们之间的关系,知识就会杂乱无章。学科知识是学科课程的基础,如果连知识都是杂乱的,课程的整体性、清晰性,也就无从谈起。只有建立起了适切的学科课程体系,学科课程目标才有可能真正地落地,才能变为具体可实施的方案,否则,目标永远是高悬与天空的目标。为此,教师需要构建清晰的学科知识框架并且明确学习要求。

如何进行学科课程体系建设呢?

首先,建构学科课程体系,要深入研究课程标准。 课程标准是建构学科体系的基石。要想进行学科课程建设,深入研究课程标准是基础中的基础。课程标准是规定某一学科的课程性质、课程目标、内容目标、实施建议的教学指导性文件。课程标准是教师确定知识框架和学习要求最重要的依据。学科的校本课程开发,必须要基于课程标准,同时与育人目标、学生实际相结合,基于共性和个性相统一原则,实现国家意志和学校理念的有机融合,满足学校内涵发展的需要。任何偏离了基础教育基本功能的所谓"创新",不仅会误导教师,也无益于学生。要建构学科课程体系,所有的分类都只能是从课程标准中来,都必须与课程标准保持一致,而不是想当然,自说自话地另起炉灶,自己搞一套。只有建构在课程标准之上的学科课程体系,才能算得上是在执行国家课程标准,也才能保证国家的教育意志在课堂得到落实。

其次,建构学科课程体系,要掌握纵横分类的方法。 纵横分类是课程体系的基本形态。一般的课程体系都是按照纵横结构来建构的。要想建构学科课程体系,掌握纵横分类的方法很重要。纵向就是按照时间划分,像初中阶段,就可以划分为三年六学期。横式就是从课程标准中去提取逻辑上可以进行分解的内容要素。例如语文的听、说、读、写和综合性实践学习;物理的力、声、电、热、光等等。相比较而言,从课程标准中提取内容要素,相对容易,因为大多数课程标准中都已经分割好了;即便没有,在课程标准解读的辅导书中也会有。真正难的,倒是学段。例如,语文,"听说读写"的要求,都是三年一体的,并没有进行细分。像物理,就只有八年级和九年级,化学就只有九年级。如何让这些学科的课程能实现三年一贯,有前继课程、后续课程,从而构建一条完整的课程链，这一方面的课程标准就比较简略，加上各学科课程标准的编写方式和编写水平也存在差异，基于学科课程标准的教学，就需要教师对课程标准进行二次开发细化，即根据自己的教学实际情况对课程的理解，构建更细致、更具体的学科知识框架和学习需求。

最后，建构学科课程体系，就是要唱好"三部曲"。 建构学科课程具体操作路径，大体可以分为以下三大步骤：第一部曲，是全体教师进行"研读课程标准"的大合唱。学校要给每位老师购买各自学科的课程标准，并要求各教研组、学科组组织本组教师学习交流，逐条梳理出蕴含在课程标准中的"内容标准"、"表现标准"和"机会标准"，并且对课程标准的跨年度要求进行年段细分，进行更加细致的目标表述。每一位老师都要结合自己的教学经验，以及自己文献学习的成果，充分发出自己的声音，彼此之间进行真正的学习分享。教研组、学科组为此可以开展形式多样的研讨沙龙活动，进行各式各样的头脑风暴，最大限度地激发出大家学习课程标准的热情，释放出学习课程的成果。先放后收，最终围绕学校"菁美教育"，提炼出一个学科主题词，来凝聚本学科老师的课程共识。第二部曲，是组长领好"撰写课程建设方案"的主旋律。在各学科组研读课程标准、提出学科主题词之后，学校要聘请课程专家，指导各教研组长、学科组长撰写本学科的课程建设方案。首先是审定各学科组的主题词，以及主题词的阐释是否能反应学科特色和体现出我校对学科课程标准研究的真实水平。如果初拟的主题词不恰当，那就返回教研组、学科组，重新拟定，直至通过为止。获得通过后，教研组长、学科组长主笔，进行课程建设方案写作，要求是必须紧扣主题词，表达出本组老师的理解。例如，数学，就是"立体"，物理就是"本真"，诸如此类。课程建设方案的整体框架，按照专家规定的结构模板，进行写作。第三部曲，是专家把关演奏"学科课程体系建构"的定调曲。学科课程方案的核心部分就是学科课程体系建构。一线老师自己建构起来的"草房子"是否符合课程理论，是否能够真正落地实施，我们自己是不能自说自话的，还需要由专家进行最后的把关与论证。

为了应对专家们的问询，各学科组需要全体组员集体学习，先在自己组内进行模拟答辩，集思广益，群策群力。一方面，是借助这种形式，让全体组员对教研组长主笔的学科课程体系有一个任务型驱动式的学习过程，增强大家对学科课程体系的认知与熟悉程度。另一方面，大家对照自己先前学习课标的体会，加上自己的教学经验，对课程体系提出自己的见解,使得学科课程体系有一个自下而上的重新审视过程。同时这一过程也可以帮助大家在最后的专家问询、答辩和指导过程中更为顺利,学习更有针对性。

　　有了这样的准备,各学科就分别召开各自专业领域的专家论证会,以类似于学科课题开题的程序和要求,进行学科课程体系的论证。通过陈述、质询、答辩和指导等环节,对课程体系的课程标准的学段切分的合理性、内容安排的适恰性、实时操作的可能性、考核评价的科学性等等进行全方位的研讨。这样的论证会,事实上,就是一次专家指导下的校本培训、一次生动的再学习过程。根据专家论证会的意见,各学科组形成本学科课程体系的试用稿。

（蔡成德）

| 范例 |
迷彩化学： 呼应课程标准的学科课程群设计

江苏省南菁高级中学实验学校化学教研组目前共有教师 6 人,师资队伍优良,结构合理,拥有无锡市教学能手 1 名,无锡市教学新秀 2 名,江阴市教学能手 1 名,江阴市教学新秀 1 名,江阴市学科基地组织成员 1 名,年轻教师在江阴市基本功大赛中获奖。随着课程改革的不断深入,南菁实验化学教研组深化课堂改革,研究化学教材教法,取得了一定的成绩。现依据《义务教育化学课程标准(2011 年版)》之精神,推进我校化学学科课程群建设。

第一部分 学科课程背景

当前初中化学新课程的成绩巨大,效果显著,但也存在着一些影响化学新课程实施的具体问题,对这些问题的处理与否,将直接影响到化学学科课程的深化和发展。这些"阻力"因素,主要表现在教师思想认识、学校对考试成绩的要求和社会对教学目的的迷茫等方面。

基于以上中学学科课程的共同困难,化学学科迫切需要发展以下内容:

一、 发展学生化学素养的需要

初中化学课程是科学教育的重要组成部分,不仅要引导学生更客观、全面地认识物质世界的变化规律,还要重点突出学科的基础性和启蒙性,进一步审视学生发展所需要的化学核心知识、关键能力和情感价值观。化学是一门以实验为基础的学科,起初我们要努力使每一位学生以愉快的心情去学习生动有趣的化学,激励学生积极探究化学变化的奥秘,增强学生学习化学的兴趣和学好化学的信心,培养学生终身学习的意识和能力,树立为中华民族复兴和社会进步而勤奋学习的志向。我们要让学生有更多的机会主动地体验科学探究的过程,在知识的形成、相互联系和应用过程中养成科学的态度,学习科学的方法,在做科学的探究实践中培养学生的创新精神和实践能力。

二、 建设化学学科的课程特色

化学既然是一门以实验为基础的学科,那么就应该借助学科中的特点,用绚丽的颜色吸引学生的眼球;用神奇的变化启发学生的思维;用严谨的逻辑带领学生思考;用未知的留白激发学生的探索。兴趣是最好的老师,相信化学学科中的各种现象、变化、原理和谜团会让学生们在化学的海洋中快乐遨游。

三、 树立化学学科的课程地位

自从中考化学从 100 分变成 50 分,化学学科在师生家长心中的地位明显下降,学生课堂上微妙的变化,老师中不经意的讨论,以及家长对孩子教育中的言辞,无不因为分数的变化而轻视了化学。因此我们要努力用课堂实验、知识的魅力吸引学生,用一丝不苟的工作状态证明化学教学不是可有可无的鸡肋学科,用对学生严谨的教学态度告诉家长,重视化学,无论是对于孩子的知识结构的完善,思维层次的提升,还是对于必须面对的各种考试,都是十分紧要的。

第二部分　学科课程哲学

一、 学科性质

化学是在原子、分子水平上研究物质的组成、结构、性质及其应用的一门基础自然科学,其特征是研究分子和创造分子。化学不仅与人们的日常生活密切相关,也是材料科学、生命科学、信息科学、环境科学和能源科学等现代科学技术的重要基础,是推进现代社会文明和科学技术进步的重要力量。

如何让微观的粒子变化更形象具体地展现在学生面前,一直是我们化学教学中课程引入时需要考虑的问题。通常微观的粒子变化经常会表现出宏观的各种显色变化,力、热、光、电等能量的转化,各种状态的物质消失和产生,有的甚至不能直接判断出它到底怎么来的或者去哪了,那么我们就借着这些现象来引入,激发学生的探索欲望,让化学成为一门迷人而精彩的科学。

二、 学科课程理念

我校秉持"迷彩化学"的学科理念,即化学是迷人的、精彩的、带有迷惑色彩的。我们将这种学科理念回归到现场,体验化学学科的魅力,学习真实有用的、有价值的化学,让学生学会用化学的眼光看世界。

(一)化学是有情景的学科。化学教学中的情境创设方法很多,创设得当,一定能对提高课堂效果起到事半功倍的作用,甚至能让学生慢慢地把化学作为其终身学习的学科。学生在特定的情境、任务、问题中学习化学。从学生已有的经验出发,让他们在熟悉的生活情景和社会实践中感受化学的重要性,了解化学与日常生活的密切关系,逐步学会分析和解决与化学有关的一些简单的实际问题。

(二)化学是重研究的科学。化学是以实验为基础研究物质组成、结构、性质以及变化规律的科学。化学的学习过程,就是在实验中去探索和发现物质之间的相互转化的过程。学生在参与实验的过程中,通过观察现象,对比变化,寻求结论,建构知识,建立联系,学会分析,尝试创新,从而在研究中,学习和总结化学研究的方法;学会根据基本原理,通过实验验证,对得到的数据进行分析、归纳、总结;随着科技的发展,我们还可以通过电脑技术,对理论模型及其相关假设进行验证。

(三)化学是可实验的学科。实验是化学的最高法庭。通过对化工企业和化学研发机构的职业体验、调查分析和参观学习,让学生关注化学知识在生产生活中的实际运用,能够知晓初步原理并在实验室还原模拟一些实验操作或者创新实验,从化学的角度初步认识物质世界,提高学生运用化学知识、科学方法分析和解决简单问题的能力。

(四)化学是重实用的学科。化学是一门自然科学,逻辑性强,实验多,现象明显,容易培养学生的学习兴趣,但也不是每一节课都有实验,也不是所有实验都能让学生亲自动手操作。很多知识的生成过程并不能体验,但是化学知识已经普及到生活的各个角落,只要留心观察,很多课本知识都能在日常生活中找到应用的实例。从物质认识、物质识别、物质转化、物质运用的角度认识化学,人类的生存和发展与化学息息相关,密切结合化学与社会生活的联系,引导学生初步认识化学与环境、化学与资源、化学与人类健康的关系,使其在面临和处理与化学有关的社会问题挑战时,能做出更理智、更科学的思考和判断,让学生充分感受和领悟化学学科的价值。

(五)化学是会创造的学科。化学家包含着两种不同类型的工作,有些化学家在研究自然界并试图了解它,同时另一些化学家则在创造自然界不存在的新物质和探究化学变化的新途径。后者结合最新科技成果和社会发展动态,从大家熟悉的角度出发,对人类社会发展做出巨大贡献。

总之,化学作为一门研究物质相互作用的科学,是一门渗透于各种新兴交叉学科中的"中心学科",从化学的角度出发能更好地去认识世界、改造世界和保护世界,更能促进社会的进步和文明。

第三部分　学科课程目标

初中化学以提高学生的科学素养为宗旨,首先要激发学生学习化学的兴趣,同时尊重和促进学生的个性发展;并帮助学生获得未来发展所必需的化学知识、技能和方法,还要提高学生的科学探究能力;在实践中增强学生的社会责任感,培养学生热爱祖国、热爱生活、热爱集体的情操;引导学生认识化学对促进社会进步和提高人类生活质量方面的重要影响,理解科学、技术与社会的相互作用,形成科学的价值观和实事求是的科学态度;培养学生的合作精神,激发学生的创新潜能,提高学生的实践能力。

初中化学学科聚焦"宏微结合、分类表征、变化守恒、模型认知、实验探究、绿色运用"六大化学学科核心素养于一体,以激发学生学习化学的兴趣,以提高学生的科学素养为主旨,帮助学生了解科学探究的基本过程和方法,培养学生的科学探究能力,获得进一步学习和发展所需要的化学基础知识和基本技能;通过化学学习培养学生的合作精神和社会责任感。

一、 学科课程总体目标

为了激发学生学习化学的兴趣,提高学生的科学素养,帮助学生了解科学探究的基本过程和方法,培养学生的科学探究能力,培养学生初中化学学科"宏微结合、分类表征、变化守恒、模型认知、实验探究、绿色运用"六大化学学科核心素养,我校提出如下化学学科课程目标。

(一) 核心知识:化学概念的多重表征

从宏观、微观、符号和图像等角度识别化学的基本概念(元素、原子、分子、离子、化合物、化学变化、物理变化、质量守恒定律、催化剂、溶解、金属及合金、酸、碱、盐、氧循环、碳循环、燃烧等);初步认识物质是由微粒构成的,物质的用途与其性质有关,物质是可以变化的,物质的变化同时伴随着能量的变化等。

(二) 关键能力:化学问题的解决能力

化学学科能力主要包括获取信息的能力、实验与探究的能力、解决问题的能力。具体表现为:能用简单的化学语言描述和解释生活中与化学有关的简单现象和问题;初步学会运用阅读、观察、实验等方法获取化学信息,并学会比较、分类、归纳和概括等方法加工化学信息,能用简单的文字、图表和化学用语呈现信息,能在交流中清楚地表达化学信息;初步具备基本的化学实验技能,形成科学探究能力,懂得并遵守化学实验安全规则,初步养成良好实验习惯;能够利用学校的图书馆和网站查找与化学相关的书籍和资料等。

（三）思维方法：化学学科的科学思维

化学研究的对象是不能直接观察到的分子、原子、离子层次的微观实物粒子,化学反应的本质及其规律也隐藏在复杂的化学现象之中,这就需要用比较、类比、推理、假说和模型等科学思维方法作为化学研究的重要工具。化学问题的解决要从宏观与微观相联系的视角出发,要用联系、变化、发展的眼光看问题,要基于实验现象进行推理,并能简单概括原因,分析微观结构特征,形成"结构-性质-应用"的思维方式。

（四）学科品格：化学学科的独特文化

培养学生对生活和自然界中的化学现象的兴趣、好奇心和探究欲望,初步树立世界的物质及其变化观念;感受化学对改善人类生活和促进社会发展的积极作用,关注与化学有关的热点问题,初步形成参与讨论和决策的意识;初步树立珍惜资源、爱护环境及合理、安全使用化学物质的可持续发展观念;体验到科学探究对认识客观世界和获取科学知识的重要性;初步树立为祖国发展和社会进步学习化学的志向等。

二、 学科课程的年段目标

化学是九年级才列入中学教材的,但是没有教材不等于不接触化学。在小学的自然学科中其实已经接触到了很多身边的化学常识和生活经验。我们要从生活学习等多方面潜移默化地对学生渗透化学知识,锻炼思维方式和提高学习兴趣。

（一）七年级课程目标

以"酸甜化学"为主题,让学生在探寻科学知识中对化学有所了解,从而热爱上化学。酸甜是一种化学现象,从操作规范性上如何排除各方面的干扰影响?从味觉方面如何解释味道的不同呢?从酸甜物质本身探索到底什么原因导致味道的改变?由此同学们不但会广泛开展实验,还会从生物、化学、物理等方面查找资料找到相应的原因。从而让学生们初步知道自然科学的基本学习方法,在实验中逐步渗透科学客观的实验态度,用实验说话、以实验为准则,培养学生敢于质疑的精神,让学生亲身感受化学世界的奇妙和神秘。

(二) 八年级课程目标

以"趣味实验"为主,通过在生活中做与化学有关的趣味实验、开展化学科技讲座和主题式研究性学习等方式让学生体会到化学的神奇和魅力。例如：制作手工肥皂、自制叶脉书签、对呼出气体的探索等等。让学生多动手、多体验、多思考、多钻研,使其逐渐常态化,慢慢养成在生活中乐于探究物质变化的奥秘、体验科学探究的艰辛和喜悦的习惯。

(三) 九年级课程目标

紧扣化学教材,落实课程标准的年段要求,坚持课堂教学主阵地,通过开展化学课外实验和化学提升课程,开展化学学科节活动等方式,让学生形成一些最基本的化学概念,了解化学变化的基本特征,初步认识物质的性质与用途之间的关系,初步形成基本的化学实验技能,了解化学与社会和技术的相互联系,并能以此分析有关的简单问题,用变化与联系的观点分析化学现象,解决一些简单的化学问题。学习相关的化学原理并会应用某些原理来解决生活中的现象,初步学好与化学学习有关的一些最基本的方法,初步建立科学的物质观,认识到学好化学对人类社会的重要性,感受并赞赏化学对改善个人生活和促进社会发展的积极作用,关注与化学有关的社会问题,初步形成主动参与社会决策的意识,逐步树立珍惜资源、爱护环境、合理使用化学物质的观念。

第四部分　学科课程体系

课程体系是学校课程体系中各种课程类型及具体科目的组织、搭配所形成的合理关系与恰当比例,是由各类课程构成的有机的、完整的统一体。

一、学科课程结构

《义务教育化学课程标准》对于课程设计思路有具体的表述——依据学生的已有

经验、心理发展水平和全面发展的需求选择化学课程内容,力求反映化学学科的特点,重视科学、技术与社会的联系,以"科学探究"、"身边的化学物质"、"物质构成的奥秘"、"物质的化学变化"和"化学与社会发展"为主题,规定具体的课程内容。

据此,我校的"迷彩化学"学科课程设置分为"化学与自然、化学与科技、化学与社会、化学与生活、化学与探究"五大类别。(见图4-1)

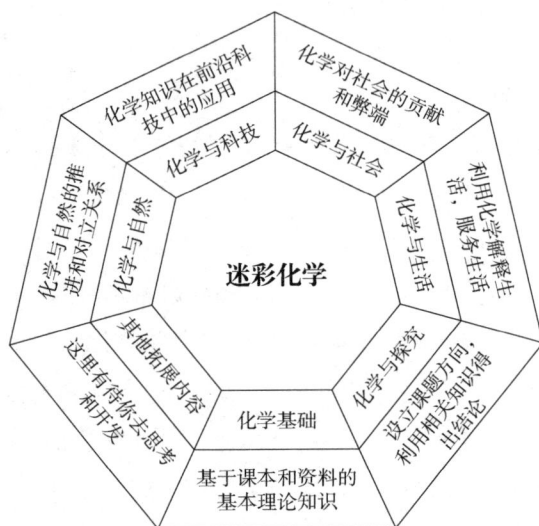

图4-1 "迷彩化学"课程结构图

二、 学科课程设置

我校化学课程设置从七年级到九年级。七年级以"酸甜化学"为主题,探寻学科知识,发挥学科特长,将化学学科知识整合到综合实践课中,设置综合性的主题实践活动。八年级以"趣味实验"为主,了解生活中的化学,开发生活中的化学趣味实验,并进行化学发展简史的研究。开展化学科技讲座和主题式研究性学习等。九年级以人教版九年级化学上下册共十二个单元基础课程为主,开展化学课外实验和化学提升课程,同时开展化学学科节活动等。具体课程设置如下(见表4-1):

表4-1　"迷彩化学"课程

年段／目标		化学与自然	化学与科技	化学与社会	化学与生活	化学与探究
七年级	上学期	学习生物课程中的化学变化,如:呼吸作用、光合作用等渗透化学知识。	历史进程中工具的变革伴随着化学科技知识,例如先使用青铜器,然后是铁器,后来才有铝制品。	化学科普小论文撰写。尝试实验探究,创新化学实验,模拟化工流程。	酸甜化学 1. 生活中酸甜食品的汇总和总结。 (1) 了解一些日常生活中与化学有关的现象; (2) 通过一些趣味实验了解相关的化学知识; (3) 建立化学使生活更美好的正确化学观。	1. 水中花园。 2. 魔棒点灯。 3. 喷雾作画。 4. 写密信。
	下学期	化学研究性小组活动。设计"科学就在我身边"的综合实践活动教育。	参观纺织厂,了解今服装材料中利用的化学知识。	参观四环生物集团;禁毒基地;垃圾发电厂。	酸甜化学 2. 酸甜味道的来源和表现出酸甜的原因。	5. 干冰手榴弹。 6. 鸡蛋刻画。 7. 黑面包实验。 8. 自制豆腐。
八年级	上学期	结合生物、地理、历史等自然人文学科,自主开发化学课外实验。	结合身边的衣食住行在化学知识的应用,简单编制材料发展史。	化学发展简史的研究。	1. 认识常见衣物的材料及其性质,介绍衣物的洗涤和保存方法。	9. 铜丝灭火。 10. 自制指示剂。 11. 叶脉书签。 12. 烧不着的稍布。 13. 竹器刻花。 14. 蛋白留痕。
	下学期	查阅资料设计实验,进行空气成分的测定。	化学科技讲座和主题研究性学习。	参观海澜集团,了解服装行业中化学知识的运用和对社会的贡献。	2. 关于"食"中的化学问题:饮用水、汤出现的营养问题;食品添加剂中的化学物质;水果的营养;食物的相生相克等。	15. 琥珀标本的制作。 16. 晴雨花。 17. 制取固体酒精。

续表

目标 / 年段	化学与自然	化学与科技	化学与社会	化学与生活	化学与探究
九年级 上学期	化学与环境，如温室效应、臭氧层的破坏和酸雨三大环境问题，研究如何实现"绿色化学"等。	金钥匙化学竞赛；青园杯化学挑战赛。1. 化学史话和前沿科技。2. 化学与材料，如磷化工、塑料、钢铁材料等。3. 参观兴澄特钢集团、澄星集团、海达集团。		3. 关于"住"中的化学问题；居室及大气中的环境污染问题。4. 关于"行"中的化学问题：现行交通工具给人们带来了什么。	18. 自制汽水。
九年级 下学期	参观气象局、自来水厂。	开发化学提升课程，在各学科知识的连接点向着化学方向进行拓展扩充。	参观大华食品公司、食品药品质量监督局，了解食品保存的方法及检验标准。参观江阴公交公司，了解汽车尾气处理措施及原理。	化学趣味小实验系列：1. 自动长毛的鸭子。2. 豆腐中钙质和蛋白质的检验。3. 制肥皂。4. 蔬菜中维生素 C 的测定。5. 阿司匹林的合成与分解。	开展化学课外实验和化学提升课程。开展化学学科节活动、化学实验展示活动；化学创新实验大赛、仪器绘制比赛、自制化学仪器，改进实验装置。

第五部分　学科课程实施与评价

"迷彩化学"提出回归课堂、学有价值的化学,学科课程将从创设迷彩课堂、构建学习共同体、举办化学学科节等方面进行实施。

一、 建构"迷彩课堂",落实学科基础课程

通过情境式引导,让学生像科学家那样地学习和研究化学,学习有用、真实的化学;让学生学习身边、生活中的化学;让学生学习简单、基础的化学;让学生学习有情景、有逻辑、有思维的化学。同时通过情境创设,为学生设计发展的台阶,引导学生积极主动地学习;通过教师、学生建立学习共同体,发展学生的思维,提升学习能力。

(一)"迷彩课堂"的操作要点

"迷彩课堂"要以实验为基础,根据课程标准展开。考虑到该年龄段学生的接受能力和相关知识的掌握程度,"迷彩化学"要先从兴趣入手,以实验开路,从生活中与化学知识相关的现象、应用开展教学活动,在学中用,用中学。

1. 从兴趣入手。好奇是人与生俱来的本能,对身边现象产生的求知欲是最好的老师。我们可以通过与化学有关的现象解谜,带领孩子走进丰富多彩的化学世界。如:颜色的不同、物质状态的变化、奇妙反应的演示等等。

2. 以实验开路。实验可以增强实践操作能力,把所学的知识付诸运用,不仅仅是纸上谈兵,泛泛而谈,做了实验以后,对知识点的理解就会更到位,更透彻,记得更深刻。

3. 与实验接轨。在带领学生实验操作的时候,不但可以引导学生深入生活,感受化学知识,还能够挖掘现实生活素材,巩固新知,也可以开展生活实践,让学生体验实验研究的乐趣。

4. 学用结合。实验教学与生活紧密联系,教师要善于应用生活中的素材,在教学中为学生创设生动有趣的生活问题情境来帮助学生学习,鼓励学生善于去发现和解决生活中的化学问题,养成运用实验的思想观察和分析周围的事物,并学会运用所学的化学知识解决实际问题,做到化学从生活中来,再应用到生活中去。

(二)"迷彩课堂"的评价标准

我们拓展多样化的评价途径,多一把尺子衡量学生,采用质性评价和量性评价相结合的多重评价方式,增强学生的自信和自由,让学生发现自己的进步。通过课堂评价,加深教师对多彩课堂的深入理解,完善迷彩课堂的构成要素,不断丰富总结经验,夯实基础,实现教学的最优化。根据课型的不同,设计"迷彩课堂"教学评价表(见表4-2)。

表4-2 迷彩课堂评价表

科目		班级		时间		地点		分值
教师		课题内容						
基础性评价	教学目标	贴合新课程标准,目标切合学生情况,重视化学核心知识、关键能力、科学思维和学科品质的培养要求。						5分
	教学设计	结构合理,简洁实用,重点突出,以学生发展为本,联系社会生活实际,重视发挥学生的自主性,体现"迷彩课堂"的教学策略。						5分
	教学活动	教师表现:教学思路清晰,设计富有创意,体现生本意识;过程清晰,脉络流畅自然,有利知能建构;预设充分,课堂生成精彩,学生参与积极;设置问题情景真实,注意实验探究,提供多彩环境;资源开发适当,拓展延伸适度,把握"最近发展";媒体使用适当,突破重点难点,亮点耳目一新;教学机智灵活,点拨引导到位,体现因材施教;教学风格鲜明,个性特点彰显,富有时代气息;尊重学生差异,关注学生情感,让学生体验成功喜悦;联系生活实际,体现学科价值,激发探究兴趣。						25分
		学生表现:参与主动积极,有效合作学习,实现层次目标;交往融洽友好,敢于发表见解,课堂氛围和谐;思维科学活跃,贯穿学法指导,学习方式灵活;善于独立思考,实验操作规范,具有探究意识;学习情绪高昂,主动获取新知,求知欲望强烈。						20分

续表

特色性评价	设计符合教学活动,突出"迷彩化学"的核心要素,关注化学学科核心素养的培养。	20 分
教学效果	基本实现教学目标,课堂中体现学习的主动性、有效的互动性、过程的实践性、知识的理解性、良好组织性等,化学学科关键能力和学科品质基本得到落实。	25 分
评课意见		

二、 建设"迷彩社团",发展学生化学兴趣爱好

初中化学综合实践课程与化学学科课程的内容可以进行有机整合,设立迷彩社团,确定与化学有关的研究主题,研究性学习主题确定后,活动小组要对活动项目或课题进行讨论,着手制定具体的、可行的、有效的活动实施方案。

(一)"迷彩社团"的主要类型

迷彩社团还可以根据不同的内容可以细分为化学魔术社团、化学思维社团、化学创客社团、化学寻访社团、化学史研究社团等。化学兴趣小组实行多元评价方式,着重关注学生自主、合作、探究的意识,让学生学会倾听、协作、分享,能体验活动过程的愉悦,能提出有意义的问题或能发表个人见解。

1. 化学魔术社团。化学魔术小组以化学知识原理为基础,用化学变化中的现象为表现形式开展魔术节目。例如:点水成冰,利用过饱和乙酸钠震动、摩擦有晶体析出的原理。空杯生烟,利用氨气和氯化氢接触氯化铵固体小颗粒分散到空气中形成白烟的原理。清水变红酒、牛奶,利用碳酸钠与酸、指示剂、石灰水的反应原理等等。

2. 化学思维社团。化学思维小组利用化学变化中的基本规律,来解释学习生活中的某些问题,并形成知识交融。

3. 化学创客社团。化学创客小组利用现有的化学知识开展头脑风暴,开发创造一些生活中的小发明、小妙招。

4. 化学寻访社团。化学寻访小组通过自己的观察和交流,挖掘身边利用化学原理工作的设备,或者化学知识达人,通过采访宣传达到推广化学的目的。

5. 化学史研究社团。化学史研究小组针对自然界生活等方面表现出来的化学知识,追根溯源探寻知识的本源和发展历程。

(二)"迷彩社团"的评价要求

为了促进学生社团系统自身建设,确保社团的正常活动和健康发展,根据学校有关规定制定细则。

考评将社团工作分为三大项及附加项。三大项内容分别为:社员人数考核项目、社团组织管理工作考核项目、社团活动考核项目。

年度考核总分:过程性评价(50分):日常学习表现20分,作业完成情况15分,实践活动素养15分。终结性评价(50分):实践性成果得分占20%,理论类成果得分占30%。

考评程序:上交社团学期工作、活动总结手册(附照片)。就一学期本社团的社员人数考核项目、社团组织管理工作考核项目、社团活动考核项目及附加项等方面的综合情况如实填写。少先大队部将考核结果上报政教处审核。

参照"迷彩社团"活动评价表(见表4-3)严格评分。

表4-3 江苏省南菁高级中学实验学校"迷彩社团"活动评价表

评分指标		评价标准及等级 (打分折合为 A/B/C/D 四个等级)	个人评价	组内评价	教师评价	总评
过程性评分50分	学习表现评20分	自主学习能力6分	A 自主学习能力强,有好的方式方法,积极主动。 B 自主学习能力一般,能思考问题但欠主动。 C 自主学习能力差,注意力不集中,常违反纪律。				
		合作探究能力7分	A 参与组内活动积极合作意识强,探究任务完成较好。				

评分指标		评价标准及等级 （打分折合为 A/B/C/D 四个等级）	个人 评价	组内 评价	教师 评价	总评
		B 能参与组内活动但需要组内监督,探究任务完成一般。 C 合作能力差,很少发表个人意见,探究任务完成较差。				
	课堂情况 评价 7 分	A 认真听讲,思维紧跟老师,积极发言,表现踊跃。 B 听讲较认真,偶尔开小差,发言不够积极。 C 听讲不认真,经常跑神或做其他与课堂无关的事情,很少发言甚至从不发言。				
	作业情况 15 分	A 能独立完成作业,完成质量高,作品有创意、有价值。 B 需要他人帮助完成作业,质量一般。 C 只完成少量作业或不完成,质量差。				
实践活动 表现 15 分	实践能力 8 分	A 动手实践能力强,完成任务好。 B 动手实践能力弱,完成任务质量不高。 C 不能完成任务。				
	探究能力 7 分	A 掌握探究过程及方法,完成质量高。 B 探究过程及方法欠灵活,完成质量一般。 C 不能独立进行探究活动。				
终结性 评价 50 分	实践性 成果得分 占 20％	加分后成绩×20％				
	理论类 成果得分 占 30％	加分后成绩×30％				
综合 素质 评价		综合素质得分等于形成性评价与终结性评价的加和。				

三、 创设"迷彩化学节",浓厚化学学习氛围

设立"迷彩化学节",不仅是学生学习化学的需要,也是教师实现自我提升的平台。通过这个平台,教师可以将自己对学科的激情,自己的专业创造力,用节日活动的方式呈现在全校师生的面前,可以极大地浓厚学校化学学习氛围。

(一)"迷彩化学节"的宗旨

"迷彩化学节",首先是南菁实验学科课程文化的重要组成部分,也是化学学科课程实施的有效途径。

"迷彩化学节"从课程入手,大胆整合各种课程资源,走出课堂,使课程活动化、多样化。我们通过宣传海报、成果展示、知识竞猜等活动,全方位展示化学学科的思想和魅力,启迪学生学习化学学科的灵感和技能,从而使学生乐学会学;通过组织化学生活小实验比赛、化学小制作评比,提升了学生综合素养,使学生感受到化学学科实用价值;通过老师的专题讲座,使学生了解化学学科的前沿动态。

设立"迷彩化学节",还提升了教师的专业素养和团队协作能力,有效促进了校本化学教学,浓厚了学生学习化学氛围,提升了化学学科的内涵发展层次,为学校发展增添了活力,丰富了学校健康高雅、充满创意的校园文化景观。

(二)"迷彩化学节"的主要内容

"迷彩化学节"活动主要分为:制作化学知识宣传板报、科普化学知识播放活动、生活中的化学常识应用展示、运用化学知识进行小发明开发、小妙招文章评比。

主要筹备和实施过程可参照相似活动进行。活动内容主要分为以下几点:

悬挂横幅:教学楼悬挂内容为"江苏省南菁高级中学实验学校第×届迷彩化学节"的横幅。展览区:在醒目处展示"迷彩化学节"系列活动一览表。各班按照分配区域张贴"化学与环境"知识海报。海报内容:化学成果展(学科前沿,大创项目);与环境有关的化学常识(环境污染的含义、环境监测、环境污染的介绍以及防治)、绿色化学的宣传等展板。实验区:每个实验区域做好醒目标识,并准备好相应的实验用品,展

示出实验步骤和实验原理。互动区：可设置有奖问答，例如，搜集有关化学的问题并装在箱中以进行猜题活动。由参观者自由抽题并回答所抽的题目，根据答对题目的难度和数量给予相应的奖励。

还可以组织征集校园及社会中化学污染活动，如：同学们可以根据自己平时看到的污染现象，并将其记录下来，用最简洁的语言写在便利贴上，然后贴在事先准备好的展板上。最后，我们会根据同学们反馈的问题，统计、展出各大污染情况并联系有关部分进行处理和关注。以此来告诫同学们减少身边污染，保护校园环境。

同时也可以组织游戏内容：通过游戏激发同学学习化学知识的积极性，如：在地上摆上各种实验仪器的图片，由同学进行套圈，套中了并且正确答出该仪器的名称赠送奖品。还可以设置咨询区，在开幕式现场独立摆出一张展台，任何有关化学节活动的疑问都可以前往咨询。

（三）"迷彩化学节"的评价要求

针对活动的每个项目进行教师打分加学生投票进行评优，细则如下：

1. 化学知识宣传板报：以班级为单位绘制板报并集中展示，由校德育处老师进行打分，最高为 10 分；其余分数由各班投票获得，每班三票，不得重复投票，按票数多少分值为 90 分、85 分、80 分依次 5 分递减。

2. 科普化学知识播放由班级提供素材，学校老师选择后安排播放，并对入选素材进行播报表扬。

3. 生活中的化学常识应用展示。每班提出一个方案交化学组老师审核，并挑选比较合适的五个，在老师的监督和帮助下进行展演。展演活动由学生投票评出最受欢迎奖一名，由老师评出最具应用前景奖一名。

4. 运用化学知识进行小发明开发小妙招、文章评比：每班投稿 3—5 篇，由化学组老师集体评选出 5—10 篇优秀作品进行校级展示。严禁家长代笔和网络抄袭。

四、开展"迷彩化学实验"，落实化学探究属性

化学实验是化学教学的重要环节，天然地具有进行科学探究、培养学生科学探究

精神和科学方法的功能。实验的探究就是在遵循基本科学知识的前提下,把实验作为提出问题、探究知识的重要途径和手段,按课程的要求,剖析典型实验的探究过程,通过创设生动的情境,启迪学生的思维,改变过去传统的讲授式、灌输式的教学模式,将本来单调的演示实验变为生动活泼的探究式实验,将学生的被动听课、"看实验"转变为主动探索实验原理,设计实验过程,主动地分析归纳和总结,提高实验的智力价值,从而让学生从模仿创新开始,逐步发展到独立的原创创新,学会科学探究的方法,初步形成科学探究能力。这样可以使学生在获得知识的同时,学会实验技能,养成主动探究的学习习惯,达到改变学生学习方式的目的,以适应当前化学学科中素质教育的需要。

(一)"迷彩化学实验"的主要构成

迷彩化学实验分为三部分。第一部分是通过影像资料进行循环播放,让学生了解现今化学科技的一些前沿知识和发展方向。第二部分由学生申报,教师审核通过的生活中的化学常识应用展示,由学生动手,教师进行监督指导。第三部分是教师挑选和展示的实验活动,学生观看或者参加的实验,如操作要求较高,有一定危险性的实验要教师操作演示,或者由教师准备工具材料,学生参加的实验,如制作叶脉书签、手工肥皂等。

(二)"迷彩化学实验"的评价要求

"迷彩化学实验"的内容必须贴合初中化学阶段的知识情况,与生活息息相关,切忌好高骛远,禁止网上搜索、购买成型的实验装置和内容。评比时保证是通过自己发现、思考、实验完成的内容。具体要求如下:

1. 实验内容:实验必须是通过自主学习发现思考的内容,可以引用教材内实验进行改进和拓展。

2. 实验器材:在保证安全的前提下,可以借用实验室相关器材和药品并做好借还记录;也可以使用生活中常用的器具代替并根据情况相应加分。

3. 实验原理:实验过程中要讲清实验原理,要求表述完整简洁,逻辑清楚。最终评价得分可由观看实验展示的同学进行投票评价。

4. 实验过程：学生在整个实验过程中，要严格遵守实验操作规范，体现出良好的学科实践能力，严谨细致、有条不紊。

5. 实验效果：学生实验的结果是否达到预期的效果，也是实验评价不可缺少的内容，是衡量实验成败的重要标志。

五、 推行"迷彩小课题研究"，改进传统的教学模式

"迷彩小课题研究"基于生活中常见的现象进行探索研究，鼓励学生积极思考的行为，满足学生的求知欲。

（一）"迷彩小课题研究"的主要做法

迷彩小课题研究中，课题由校方指定，如食品与发酵。以班级为单位，给学生一定的时间进行课题研究。期间可以每周进行一次课题交流和指导活动。论文完成后，举行论文交流答辩活动，然后指导学生投稿。经相关老师，或者邀请有关方面的专家进行指导，同时对课题研究论文进行评价。

"迷彩小课题研究"基本是分成三阶，学生根据自己的实际表现进行"进阶"：

初阶，是由学校指定相对简单的课题内容，并进行写作方法的相关指导。这一阶段重点在于让学生了解写作课题研究的基本常识，掌握课题研究的基础流程。

初阶考核不合格者，继续进行初阶训练；凡初阶考核合格者，即可进入中阶研究。

中阶，是由学生独立完成课题的某一部分研究，并能对自己所进行的研究结果进行自我评价，对于存在的不足，能提出相应的改进意见。这一阶段重点在于培养学生进行课题研究的基本能力。

中阶考核不过关者或者无意愿进行高阶研究者，继续进行中阶研究；凡中阶考核过关且有意愿进行高阶研究者，经过自主申请，可进行高阶课题研究。

高阶，就是完全由学生独立完成课题内容，即自主组建课题小组，自主进行选题，在实验老师的指导管理下，独立设计研究方案，独立完成课题的实验。

(二)"迷彩小课题研究"的评价要求

对于三个阶段研究,我们的整体要求有一个由松到紧的过程。初阶考核,侧重于"知",对知识的了解,流程的熟悉;中阶考核,侧重于"行",操作的规范,动作的熟练;高阶考核,重在"知行合一",既能知道自己做什么,也要能够做得出来,最好还能说清楚为什么是这样。

课题研究评价,必须严肃认真。老师与学生均需高度重视认真对待,本着科学客观的态度进行评价(见表4-4)。

表4-4 "迷彩小课题研究"基本评价表

姓名	主 要 成 果
	(课题组成员研究概述)
一、课题内容简介	
二、课题研究进展情况	
具体实施 (一)理论学习 (二)实践操作 (三)方法选择	
三、取得的阶段成果	
四、课题研究中存在的问题或不足	
五、下阶段研究计划及确保最终成果的主要措施	
六、评估小组意见	

第六部分　学科课程管理

一、思想领导

　　编辑《"迷彩化学"10条》。编辑"迷彩化学"10条作为学科课程建设指导意见。

　　"迷彩化学"是学校活动的一部分,要以学校思想为核心;要在保证学生、教师的人身安全的前提下进行;"迷彩化学"本着提高学生对化学的学习兴趣、拓展学生知识范围、建立学生化学知识交流的平台进行;"迷彩化学"的内容尽量生活化,通俗易懂,不能盲目追求"高大上",操之过急;"迷彩化学"活动的参与面尽量覆盖所有学生;"迷彩化学"评比活动一定要公开、公平、公正,分值以学生为主教师为辅;"迷彩化学"提倡学生动脑、动手,严禁抄袭、代笔;"迷彩化学"要分层明确,针对不同年级对化学知识的掌握情况有所取舍;"迷彩化学"的思想路线尽量是由生活走进课堂,再由课堂进入生活,理论与实践相结合,生活中发现化学,化学为生活服务。"迷彩化学"是为学生学习更深层次的化学打基础的,要避免单纯知识灌输或者演变为提前上化学课。

二、专业提升

　　学校应多为教师搭台,提供开放课堂,使教师有更多展示、观摩和学习的机会,并积极参加各级评优课、基本功竞赛、学科课题研究等。学校应鼓励教师进行业务进修,多渠道为教师提高学历层次和业务水平创造条件,组织外出参观学习,培训学习更多的先进理念和开阔的专业视野。同时通过校本研修、课例研究,培训和反思,及时总结和归纳,梳理并提炼教学经验,形成教师个体的独特的教学智慧,从而力争形成教师个体和教研组的教学风格。

　　召开"迷彩化学"研讨会,更新思想,创新模式,举办区域合作论坛,如"专家与化学"、"名师与化学"、"化学公开课"等系列活动,邀请化学专家、省市化学学科名师、优秀毕业生来校参与活动,分享智慧。通过这些活动,力求使我校化学组老师"视野有宽度,思想有深度,理论有高度"。

三、 制度支撑

1. 学科建设制度。课程开发精品化。化学教研组负责学科课程的开发、管理、实施和学业评价。根据不同教师的个性特点和兴趣特长、学生的培养目标,同时兼顾地方学科特色资源,开发适合于校情和学情的化学学科课程。原则上每位教师负责一门拓展或活动课程的开发,并作为教师专业发展和考核的重要依据。教研活动精致化。每次活动"四定四有":要定时间、定地点、定内容、定中心发言人,有计划、有准备、有记录、有材料(活动记载表和材料已经上交),每次备课组活动除了备课这个中心议题外,我们还针对本届学生的学习态度和学习方法等问题作了专题讨论,对学生进行诊断、心理指导、学科辅导等。教学上能做到"四统一":统一教学要求、统一重点难点(备课组活动的一个主题)、统一课外练习、统一测试。通过各种不同形式的教研活动提高化学组的化学教学水平和教育科研能力。

2. 课程认证制度。课程认证是保障教育质量的途径之一。课程认证分别从课程设计、课程内容、学生评估、师资力量、资源配备、质量保障和基础设施,基本覆盖课程的相关内容,认证方式可以是内部评估、实地调查与评估、召开评估会议等。课程认证一般安排在学期期中或者学期末,学校要召开任课教师座谈会,听取任课教师对化学课程建设的意见,及时修正不足,完善方案;同时要对课程学生进行问卷调查或座谈会,关注学生喜好的程度,听取学生、家长、社会人士的建议和意见。认证结束后并不意味着课程开发的结束,而是把课程认证所获得的信息作为下一轮课程开发的决策基础。

3. 分享制度。通过学期的课程成果分享会,不同课程间的经验交流,博采众长,优势互补,同时听取学生、家长和学校的建议,更好地完善化学学科课程的架构、实施和评价。

4. 校本化建构制度。教研组以校本研修为平台,立足课堂教学改革,加强教育科研,积极探索高效的课堂教学策略,不断提高教育教学质量。以课例研究为载体,以学习、实践、反思、再实践为主要形式,加强课堂教学改革,不断增强教研组主动发展意识,逐步提升教研品质和教师专业化水平,形成具有学科特色的校本研修方式。

四、 评价导航

化学课程的评价应促进学生学科核心素养和教师的教学水平发展。了解学生需求,发现学生潜能。鼓励学生发展自己的特长和爱好,发展个性,同时看到自己的长处和不足,增强学习化学课程的自信,形成生动、活泼、开放的教育氛围。积极倡导评价目标多元化和评价方式的多样化,坚持终结性评价与过程性评价相结合、定性评价与定量评价相结合、学生自评互评与他人评价相结合,努力将评价贯穿于化学学习的全过程。

1. 纸笔测验是一种传统的考查方式,又是一种重要而有效的评价方式。重点应放在考查学生对化学基本概念、基本原理以及化学、技术与社会的相互关系的认识和理解上,而不宜放在对知识的记忆和重现上;应重视考查学生综合运用所学知识、技能和方法分析和解决问题的能力,而不单是强化解答习题的技能;应注意选择具有真实情景的综合性、开放性的问题,而不宜孤立地对基础知识和基本技能进行测试。

2. 活动表现评价是一种值得倡导的评价方式。这种评价是在学生完成一系列任务(如实验、调查、分析、思考等)的过程中进行的,评价的内容既包括学生的活动过程又包括学生的活动结果。它通过观察、记录和分析学生在各项学习活动中的表现,对学生的参与意识、合作精神、实验操作技能、探究能力、分析问题的思路、知识的理解和应用水平以及表达交流技能等进行评价。例如"化学实验基础"、"探究实验"、"趣味化学实验"的学习评价应在实验过程中进行,从实验设计、实验过程、实验操作、实验报告、交流讨论、合作意识以及实验态度等方面予以考察。

课堂教学评价的关注点不仅要注重教师的行为表现,更要充分注重学生的课堂行为表现,要看大多数学生能否在最大程度上实现有效学习。因此,课堂要特别关注学习活动的目的性,通过活动达成学习目标;关注学习活动创设的启发性,通过活动创设,激发学生学习兴趣,调动学生学习积极性,启迪学生思维;关注学习活动过程的探究性,通过活动让学生自主建构知识,掌握学习研究的方法,形成正确的情感态度价值观。

五、 课题研究

申报"迷彩化学"研究课题。以课程开发为契机,积极申报省市级研究课题,或者设立一些子课题进行相关研究。

（魏晓巍　徐芳）

第五章

学科课程群的实施考量

　　学科课程群的设计是为了指导我们的课程实践。实施考量，就是将写在纸上的，落实到行动之中。学科课程实施要从宏观到微观全面思考。从宏观层面说，学科课程的实施路径与学校整体课程实施路径是一致的。从中观层面说，学科课程实施的策略是带有学科特色的，是要结合学科特点进行研究的。从微观层面说，任何学科课程转化为具体教学方案，都是指向具体教师的，是要考虑具体教师的教学能力、教学特色，甚至教学风格的。

课程设计,重在实施。课程实施是实现预期教育结果的手段。它有两层含义:一是将已经设计好的课程规范付诸实施,二是对设计的课程规划,基于办学理念、课程理念在实施过程中结合师生实际进行调整优化。

"课程实施是把一项课程改革付诸实践的过程。实施的焦点是实践中发生改革的程度和影响改革程度的那些因素。"课程规划,就要在实施的过程中不断完善,不断丰富,从这个角度来说,课程实施是作为一个动态的过程而存在的。

如何进行课程实施,如何才能保证课程的有效实施呢?

首先,从宏观层面,理清我们的实施路径。 从路径上,我校从"菁美课堂"、"菁美课程"、"菁美社团"、"菁美节日"、"菁美之旅"和"菁美聚焦"六个方面入手践行"菁美教育",实施"菁美课程",见证每一个孩子的成长。

其次,从中观层面,研究我们的实施焦点。 学科课程的实施,主体就是学科组。各学科组应该将本学科的教研工作与日常教学紧密结合,牢牢把握"课程实施"来开展研究,做到"研之有物"、"研之有质"。

对于六条学科课程实施路径,各学科组要结合本学科实际,开发出富有学科特色的课程实施焦点和操作细则。

例如,紧扣"菁美",语文学科聚焦于"追求语文课堂的灵性与智慧",提出"灵智课堂",在课程实施上,他们对课堂教学情境的创设、教学语言的凝练,教学活动的共生就提出了比较高的要求。数学学科着眼于"彰显数学的思维张力与实践魅力",提出了"立体课堂",他们对课堂教学设计中蕴含大概念的"问题"的选择,对课堂实践中富有层次的思维活动的设计,对课程实施过程中师生之间、生生之间的立体交互性就十分地重视。物理学科基于物理教学要"显物理之本源,还自然之真实",提出"本真课程",他们将"实验"放在课堂教学的核心位置,坚持物理的学科知识从课堂实验中来,又能回到日常实验中去。

不同学科都有着自身之美,不同学科也需要研究出能展现学科之美的课程实施策略。

最后,从微观层面,要引导教师乐于开发微课程。 每一位学科教师,才是课程实施的真正主体。没有一线老师去尝试,去探索,去付诸实施,再好的规划,再具体的路径与策略,都是不名一文。教师进行课程实施,最主要的方式就是将学校课程规划、学科课程方案转为一个个可以具体操作的"微课程"。这些微课程,可能是一次独立的完整的课堂操作,也可能是嵌入在传统课堂教学之中的一个"特色教学活动",还可以是一系列的微型学习活动。

要想让老师们乐于实践,就得鼓励教师充分发挥自己的创造性思维和创造性实践,寻找到课程要求与自己之间的契合点,开发能彰显出自己的教学个性,去找寻自己的教学特色,形成自己的教学风格。

要想让老师们乐于实践,就得激励学科教师之间团结协作,展示教师的不同特质,各美其美,美美与共,研发更好的课程,激发教师文化的自觉,在创新与实践中自主成长,自我完善。

例如,我们有几位理科的老师,有着极好的美术功底,于是他们在进行课程实施时,就开发了许多与"美术"有关的跨学科微课程——数学老师的"美妙的黄金分割",生物老师的"菁美的树叶画",化学老师的用酸碱法提取叶脉制作"叶脉书签"等等,都深受学生的欢迎。

（刘文晶）

| 范例 |
全景生物：推动学习变革的学科课程群设计

江苏省南菁高级中学实验学校生物学科组目前共有教师5人，是一支有活力的教师队伍。拥有无锡市教学能手1人，无锡市教学新秀1人，江阴市生物学科核心组成员1人，江阴市实验管理核心组成员1人，多位教师在各类各级比赛中发表或获奖。随着《江苏省基础教育课程改革实施意见》的实施，生物学科组认真钻研教材，深化课堂改革，以校为本积极开展校本课程研究和教学，并取得了一定成绩。《生物世界探秘》校本教材已经出版，《生物＋菁园叶语》、《化学＋叶脉书签》课题研究也获得了不小的收获。现根据教育部《关于深化课程改革落实立德树人根本任务的意见》、《义务教育生物学课程标准（2011年版）》等文件精神，制定我校生物学科课程群建设方案。

第一部分　学科课程背景

当今时代是一个全球化、科技化、市场化、信息化的时代。随着社会经济、科技文化的巨大变化，对人才培养提出更高要求，学生素质不断变化，对教育教学的要求不断改进，优化课堂教学就成为一线教育教学工作者不断探索和实践的必行之路。

一、政策背景

2014年教育部研制印发《关于全面深化课程改革落实立德树人根本任务的意见》，提出"教育部将组织研究提出各学段学生发展核心素养体系，明确学生应具备的适应终身发展和社会发展需要的必备品格和关键能力"。突出强调个人修养、社会关爱、家国情怀，更加注重自主发展、合作参与、创新实践。

2016 年 9 月教育部又颁布了《中国学生发展核心素养》的框架体系和基本内涵。2017 年高中生物新课标的修订也关注了"核心素养"的概念,进一步把教育的对象放在"人"的发展上,而不是仅仅关注"内容"的标准上。

2017 年 9 月 5 日教育部发布《中小学德育工作指南》,指出德育工作应引导学生形成积极健康的人格和良好的心理品质,促进学生核心素养提升和全面发展,为学生一生成长奠定坚实的思想基础。并明确要求生物等课要加强对学生科学精神、科学方法、科学态度、科学探究能力和逻辑思维能力的培养,促进学生树立勇于创新、求真求实的思想品质。

二、 学校背景

由于中考政策的变化,生物属于会考学科,对于学生的要求没有那么高,所以没有升学压力,再加上生物是一门实验学科,更加贴近生活,学生听起来易懂,学习起来兴趣更浓,实施起来也更容易,所以我校生物学科就成为了课堂改革的先行者。

为了提高生物课堂的魅力,我们生物学科组积极响应学校的号召,以"以课本促基础,以兴趣促发展,以校本促创新"为奋斗目标展开了生物教学大讨论和大改进,并逐渐形成并完善南菁实验学校生物学科课程群建设。

南菁实验学校是一所历史悠久的百年名校,学校秉持"向着美的方向奔跑"的办学理念,提出"培养积正学、得正识、有实心、行实事的未来强者"的育人目标,依托学生浓厚的文化底蕴和资源大力开展课堂教学改革,积极引领和鼓励全校师生不断改进自己的教学行为方式和学习行为方式,创设丰富的课程体系,为每一位师生提供展示自我的机会和平台。

第二部分　学科课程哲学

《义务教育生物学课程标准(2011 年版)》指出:生物科学是自然科学中的基础学

科之一,是研究生命现象和生物活动规律的科学。生物科学是人类认识自我、认识自然、利用自然、改造自然、与自然和谐相处的媒介。生物科学来源于生活体现了生命的活力;生物科学来源于实践展现了实验的魅力;生物科学来源于创新呈现了科学的潜力;生物科学服务于实际再现了人类思想的影响力;生物科学融通于万物凸现了价值的合力。

生物学习的目的旨在面向全体学生,提高生物科学素养,着眼学生全面发展和终身发展。我校秉着"全景生物"的学科理念,即生物是面向全体学生的、挖掘学生全面潜力的、贯穿学生成长全程的、培养学生健全人格的课程。我们将这种学科理念贯穿到生物学习中,让学生体验生物学科的魅力,学会用生物的眼光看生物,明白学习生物的意义。

一、"全景生物"是多维度的学科

"全景生物"关注学生每个人智力、情感、社会性、物质性、艺术性、创造性与潜力的全面挖掘。以鲜活的生命为有机体,在解决实际问题的过程中从不同时间、不同点、不同线、不同面深入理解生物学的核心概念,了解生命的全过程,并运用生物学的原理和方法参与公众事务的讨论或作出相关的个人决策。

二、"全景生物"是有实践的学科

"全景生物"是亲近自然的学科,除了从理论方面进行研究,同样需要走进实验室、走进自然、走进生活,从实践中观察、体验、探索、了解生命的奥妙,锻炼学生的观察能力、动手操作能力、数据分析能力、口头表达能力、团队合作能力等各方面的综合实践能力。

三、"全景生物"是有深度的学科

"全景生物"是充满趣味的,最大限度地激发学生学习的主动性和积极性,让学生带着兴趣走向知识,通过与其他学科的联系、与生活的联系,使学生的视野更开阔,为以后的生活和职业选择提供可靠的理论依据和标准,从而走向专业提升的道路。

四、"全景生物"是重伦理的学科

"全景生物"是注重伦理道德的学科,人类因为智慧和适应环境的能力成为了万物之长,但是人类不是万物的主宰,不能随意地剥夺它们的生命。作为讲解生命的生物学科在平时的教学中渗透关爱生命、尊重生命以及对生命价值的思考,努力传授生命之真、善、美。

《义务教育生物学课程标准(2011年版)》中明确指出生物学科以面向全体学生、提高生物科学素养、倡导探究性学习为基本理念。我校提出的"全景生物",是以生物学科特点为基础,以校情学情为参考,符合学生认知的。从植物、动物、微生物与人,园艺、农业和林业,生活、生理和心理,历史、生物、地理、物理、化学、美术、音乐、语文、数学等全方面全方位地认识自我,认识地球,期望为学生以后的人生道路提供强有力的支持。生物学科同其他学科相比,具有更丰富、更充实的德育内容,如生命物质性的观点、辩证的观点、进化的观点、科学的价值观、生态学的观点、爱国主义、社会责任感的教育,以及情感、意志、兴趣等非智力因素的开发等。"全景生物"的育人内涵是教师在教学的过程中应尽可能体现课程的特点,使教学内容呈现多样化,以满足不同学生的需要。因为只有多样化的课程内容才能很好地适应和满足多样化的学生需要。面向全体学生更重要的是意味着教师要尊重每一个学生,要给每一个学生提供同等的学习机会,使所有的学生通过生物学课程的学习,都能在原有的水平上得到提高,获得发展。

第三部分　学科课程目标

生物学核心素养是学生后天习得的终身受益成果,是公民基本素养的重要组成之一,是学生在解决真实情境中的生物学问题时所表现出来的必备品格和关键能力。生物学核心素养主要包括生命观念、理性思维、科学探究和社会责任等。

一、 学科课程总体目标

学校的培养目标全面体现时代和社会发展的要求,体现素质教育的要求。《义务教育生物学课程标准(2011年版)》明确提出课程总目标是要通过义务教育阶段生物课程的学习,使学生在以下几方面得到发展:获得生物学基本事实、概念、原理和规律等方面的基础知识,了解并关注这些知识在生产、生活和社会发展中的应用。初步具有生物学实验操作的基本技能、一定的科学探究和实践能力,养成科学思维的习惯。理解人与自然和谐发展的意义,提高环境保护意识。初步形成生物学基本观点和科学态度,为确立辩证唯物主义世界观奠定必要的基础。作为本课程的学习成果,每个学生要努力实现以下具体目标。

(一) 核心知识:理解重要概念

生物学的概念是对抽象概念的整合,是生物学现象本质特征的反映。生物学概念是生物学课程内容的基本组成。生物学重要概念处于学科中心位置,包括了对生命基本现象、规律、理论等的理解和解释,对学生学习生物学及相关科学具有重要的支撑作用。

初中生物需要学生掌握的重要概念有细胞、光合作用、呼吸作用、生态系统、遗传变异、生物变异、环境、生物体等。获得有关生物体的结构层次、生命活动、生物与环境、生物多样性、生物进化以及生物技术等生物学基本事实、概念、原理和规律的基础知识。获得有关人体结构、功能以及卫生保健的知识,促进生理和心理的健康发展。知道生物科学技术在生活、生产和社会发展中的应用及其可能产生的影响。

(二) 关键能力:生物问题的解决能力

生物学科能力主要包括学习理解能力、实验与探究能力、获取信息能力、综合运用能力、迁移创新能力。具体要求是：正确使用显微镜等生物学实验中常用的仪器和用具，具备一定的实验操作能力。初步具有收集和利用课内外的图文资料及其他信息的能力。初步学会生物科学探究的一般方法，发展提出问题、作出假设、制订计划、实施计划、得出结论、表达和交流的科学探究能力。在科学探究中发展合作能力、实践能力和创新能力。初步学会运用所学的生物学知识分析和解决某些生活、生产或社会实际问题。

1. 学习理解能力是一项最基本的生物学学科能力。能力水平最低，要求学生能够提取认知结构中短期或长期的记忆节点，理解所学自然科学基础知识的涵义及其适用条件，能用适当的形式（如文字、公式、图或表）进行表达；并能够正确解释和说明有关自然科学现象和问题，即不仅"知其然"，还能"知其所以然"。

2. 实验与探究能力。主要包括观察能力、实验操作能力、分析实验现象能力、实验设计能力、综合应用能力，这些能力的培养就是通过实验来实现的。因为生物科学不仅是众多事实和理论，也是一个不断探究的过程，要积极引导学生主动参与、乐于探究、勤于动手，着重培养学生获取新知识的能力、分析和解决问题的能力。生物科学研究的基本规律是，提出问题，假设实验，分析结论，重视观察与实验是现代生物学的重要特征。教师在培养学生基本实验能力的同时，必须注重学生研究能力与实验设计能力的培养，这种学科能力的培养，也有利于发展学生的创新能力。

3. 获取信息能力是指学生自己为主体，运用已储存的知识，去发现新知识、理解新知识的能力。要求能够从题目的文字表述中获取回答问题的有关信息，能够快速全面准确地从图、表等形式中获取回答问题的有关信息，能够准确和完整地理解并整合所获取的有关信息。

4. 综合运用能力是指信息处理输出的能力，比学习理解能力的认知要求高。要求学生能够在熟悉的科学情境中，应用事实性知识、概念性知识和程序性知识，如生物学知识及其之间的相互关联，生物学过程、生物学概念和科学方法的相互关联，其主要特点是直接应用和情景性。

5. 迁移创新能力是生物学科能力中认知水平最高的能力，属于高级信息输出范畴。与简单应用相比，迁移创新则要求学习者能够灵活运用核心知识，通过系统性思维等高级思维方式经营多个认识角度分析，预测陌生情景中的问题，其突出特点表现在问题情景是陌生和复杂的。

（三）科学思维：生物学科的科学思维

能力要在知识的运用中才能表现出来，学科思维方法是学科能力的重要组成部分。生物学作为研究生命的科学，其思想方法有着鲜明的特点，它注重结构与功能的统一、部分与整体的统一、生物与环境的统一。教师要引导学生以此思想为指导，阅读教材，理解教材，品味教材。掌握生物科学研究的一般方法，如观察法、调查法、实验法等，运用生物学基本原理和基本研究方法，分析生活、生产、科学技术发展以及环境保护等方面的问题。

（四）学科品格：生物学科的独特文化

了解我国的生物资源状况和生物科学技术发展状况，形成爱祖国、爱家乡的情感，增强振兴祖国和改变祖国面貌的使命感与责任感。热爱大自然，珍爱生命，理解人与自然和谐发展的意义，提高环境保护意识。乐于探索生命的奥秘，具有实事求是的科学态度、探索精神和创新意识。关注与生物学相关的社会问题，初步形成主动参与社会决策的意识。逐步养成良好的生活与卫生习惯，确立积极、健康的生活态度。

总之，我校将秉承"全景生物"的理念，围绕以上四个课程目标，发展学生的学科核心素养，培养具有科学精神和实践能力的学生。

二、 学科课程年段目标

义务教育生物课程是以"人与生物圈的关系"为主线，由"科学探究，生物体的结构层次，生物与环境，生物圈中的绿色植物，生物图中的人，动物的运动和行为，生物的生殖、发育与遗传，生物的多样性，生物技术，健康地生活"10个主题构成的课程体系。教学目标兼顾知识和技能、能力、情感态度与价值观三个方面。为了使目标更加精准有效地达成，特将目标分解如下表（见表5－1）：

表 5-1 江苏省南菁高级中学实验学校"全景生物"年段目标

目标 年段	核心知识	关键能力	科学思维	学科品格
七年级	1. 科学探究是人们获取科学知识，认识世界的重要概念。 2. 生物与环境相互依存、相互依赖。 3. 生态系统的组成和作用。 4. 生物圈是最大的生态系统。 5. 植物的生存需要水和无机盐。 6. 绿色开花植物通过全景作用将无机物合成有机物。 7. 人的消化系统的组成和功能。 8. 人的呼吸系统的组成和功能。 9. 细胞的呼吸作用。 10. 细胞是生物体结构和功能的基本单位。 11. 细胞能进行分裂、分化。 12. 单细胞生物和多细胞生物结构层次。 13. 生物分类与命名。 14. 认识生物的多样性。	1. 正确使用显微镜等生物学实验中常用的仪器和用具，具备一定的实验操作能力。 2. 初步具有收集和利用课内外的图文资料及其他信息的能力。 3. 在科学探究中发展合作能力、实践能力和创新能力。 4. 使用显微镜和制作临时装片。 5. 锻炼学生收集资料，分析资料，综合运用的能力。	1. 初步学会生物科学探究的一般方法，发展学生提出问题、作出假设、制订计划、实施计划、表达和交流的科学探究能力。 2. 学习调查和观察的方法，加深对生物与环境关系的认识。	1. 初步学会运用所学的生物学知识分析和解决某些生活、生产或社会实际问题。 2. 生物与环境关系的知识，对学生形成热爱大自然、爱护生物的情感，理解人与自然和谐发展的意义以及提高环境保护意识十分重要。 3. 从人与生物圈的关系入手，引导学生开展多种探究活动，认识人类依赖的自然环境和人工环境都是生物圈的组成部分，意识到生物圈中的人对生物圈应尽的责任。

续表

目标 年段	核心知识	关键能力	科学思维	学科品格
八年级	1. 人的血液循环系统组成和功能。 2. 人的泌尿系统组成和功能。 3. 人的神经系统组成和功能。 4. 人的内分泌系统组成和功能。 5. 人的生殖系统组成和功能。 6. 动物的运动和行为。 7. 绿色开花植物的生命周期。 8. 绿色开花植物的碳氧平衡生态系统的能量流动和物质循环。 9. 动物的生殖和发育。 10. 生物的遗传和变异。 11. 生物的进化。 12. 健康地生活。 13. 保护生物多样性。	1. 使用显微镜观察植物或动物细胞的能力。 2. 培养学生的观察能力和学习兴趣。 3. 观察和制作临时装片。 4. 学会急救的方法。 5. 学会观察的方法和能力。 6. 锻炼资料的调查、收集及处理能力。	1. 初步学会生物科学探究的一般方法,发展学生提出问题,作出假设,制订计划,实施计划,得出结论,表达和交流的科学探究能力。 2. 帮助学生理解人体结构和生理功能相适应的关系,理解功能相适应的各种生命活动,自觉养成各种卫生习惯,认识自我,健康生活,认同优生优育。	1. 初步学会运用所学的生物学知识分析和解决某些生活、生产或社会实际问题。 2. 利用遗传育种的知识,生产实践中应用的知识,帮助学生认识生物科学技术在生产、生活和社会发展中的作用。

第四部分 学科课程体系

"全景生物"是以培养学生健全的人格、全面的生物科学素养为主要目标的学科，希望学生通过一些生物现象的捕捉，体验生命之美，完善自我生命之悟，领会生命的魅力，为了达成以上目标建立我校"全景生物"的课程体系。

一、 学科课程结构

《义务教育生物学课程标准（2011 年版）》中把义务教育阶段生物学课程内容分成：科学探究、生物体的结构层次、生物与环境、生物圈中的绿色植物、生物圈中的人、动物的运动和行为、生物的生殖发育与遗传、生物的多样性、生物技术、健康地生活 10 个一级主题，据此再结合初中学生的发展特点以及我校学生的学生特质，我校的"全景生物"学科课程设置以"全景生命、全景生活、全景科技、全景人文与综合"四大类（见图 5－1）。

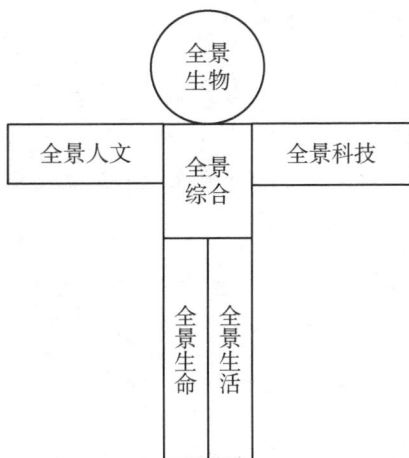

图 5－1 江苏省南菁高级中学实验学校"全景生物"学科课程结构图

二、 学科课程设置

以《义务教育生物学课程标准（2011 年版）》要求为参考，根据深化新课改的要求，在七年级开设了校本课程，在七八年级开发和开设了丰富的选修体验课程供学生选择，满足不同学生的发展需求，促进学生的个性化发展。在七八年级分四个学期完成相关内容的学习（见表 5－2）。

表5-2 江苏省菁南菁级中学实验学校"全景生物"学科课程体系

目标 年段	全景生命	全景生活	全景科技	全景人文与综合
七年级 上学期	1. 入学教育急救课堂 2. 人体的物质和能量来源于食物 3. 生物从环境中获取物质和能量 4. 生物之间的食物关系 5. 有机物的生产者——绿色植物 6. 能量与呼吸	1. 生物与环境 2. 生态系统和生物圈 3. 人体的物质和能量来源于食物 4. 生物成分大揭密之包的秘密 5. 植物细胞的吸水和失水 6. 植物做甜酒酿＋酒酿圆子 7. 认识生活垃圾 8. 制作酸奶 9. 菁园生物之旅 10. 水培植物 11. 观察蘑菇 12. 校园植物挂牌 13. 萝卜花 14. 制作腐乳 15. 制作葡萄酒 16. 制作面包	1. 科学探究以及生物学研究的基本方法 2. 学习使用显微镜 3. 探究水温对金鱼呼吸的影响 4. 调查一个生态系统 5. 观察校园环境 6. 观察叶的结构 7. 学习制作生态瓶 8. 植物细胞的吸水与失水 9. 模拟呼吸运动 10. 探究阳光对绿色植物全景作用的影响 11. 探究光合作用发生的场所 12. 观察洋葱根尖 13. 探究口腔内发生的化学反应 14. 设计科学食谱 15. 探究植物呼吸产生的气体 16. 探究影响鼠妇生存的环境因素	1. 菁园叶语 2. 叶脉书签 3. 手工折纸-樱花 4. 手工折纸-康乃馨 5. 手工折纸-蝴蝶 6. 手工折纸-栀子花 7. 叶贴画展览 8. 环保时装秀 9. "明日科学家"修学 10. 光合作用是怎么发现的? 11. 呼吸作用是怎么发现的? 12. 穹顶之下 13. 苹果种子的旅行 14. 我为根雕狂 15. 艺术插花 16. 水果化装舞会 17. 显微镜的发明
七年级 下学期	1. 生物体有相同的基本结构——细胞 2. 生物体有相似的结构层次	1. 开心农场 2. 植物世界探秘 3. 动物世界探秘	1. 学习制作临时装片 2. 用显微镜观察细胞结构 3. 制作叶切片	1. 菁园叶语 2. 叶脉书签 3. 手工折纸-樱花

续表

年段 目标	全景生命	全景生活	全景科技	全景人文与综合
	3. 地面上的生物 4. 水中的生物 5. 空中的生物 6. 土壤里的生物 7. 生物的命名和分类 8. 植物世界探秘 9. 动物世界探秘 10. 微生物世界探秘 11. 菁园奇杏的秘密 12. 鸟类飞翔的秘密 13. 生命脉动	4. 微生物世界探秘 5. 健康生活探秘 6. 菁园银杏的秘密 7. 鸟类飞翔的秘密 8. 生命脉动 9. 萝卜搭高塔 10. 学做果汁 11. 制作手工香皂、精油、护手霜,润唇膏 12. 水果发电机	4. 观察霉菌和葡枝根霉 5. 观察蘑菇 6. 观察细菌 7. 观察校园植物 8. 观察水绵 9. 生命脉动	4. 手工折纸-康乃馨 5. 手工折纸-蝴蝶 6. 手工折纸-栀子花 7. 叶贴画展览 8. 多彩的人体组织细胞 9. "明日科学家"修学 10. 全景生物节 11. 细胞家族大聚会 12. 细胞分裂的方式 13. 艺术插花 14. 青霉素发现史 15. 细胞的发现史
八年级上学期	1. 人体内物质的运输 2. 人体内代谢废物的排出 3. 人体对外界信息的感知 4. 动物的运动和行为 5. 绿色植物与生物圈 6. 植物的生殖和生长发育 7. 动物的生殖和生长发育 8. 人的生殖和生长发育	1. 测量血压 2. 测量脉搏 3. 测量心跳 4. 分析血常规化验单 5. 分析尿常规化验单 6. 雾霾知多少 7. 节能减排低碳出行 8. 仙人掌自己的嫁接 9. 探究自己的胸印 10. 调查班级学生的近视率并分析其原因 11. 测试反应力	1. 观察蚕豆叶表皮细胞的气孔 2. 观察人血液涂片 3. 观察种子的结构 4. 观察鸟卵的结构 5. 观察种子萌发过程 6. 测定植物的蒸腾作用 7. 探究影响蚂蚁觅食的因素 8. 观察长骨的结构 9. 奇妙的新世界	1. 种子画 2. 生物模型制作 3. 环保时装秀 4. "明日科学家"修学 5. 全景生物节 6. 我的成长足迹 7. 奇特的动物生殖方式 8. 假如我是蚂蚁 9. 动物细胞之最 10. 动物的行为模仿秀

续表

目标 年段	全景生命	全景生活	全景科技	全景人文与综合
八年级 下学期	1. 生物的遗传规律 2. 生物变异的原因、分类和应用 3. 地球生命的起源和演变 4. 生物进化的历程和原因 5. 人的起源 6. 人体的免疫防线 7. 免疫异常引起的疾病 8. 传染病的种类、传播和预防途径 9. 关注健康、关注生命、关注生活 10. 保护人类与其他生物的共同家园	1. 健康生活探秘 2. 健康地生活 3. 青春期教育知识讲座之男生的秘密 4. 青春期教育知识讲座之女生的秘密 5. 拥有愉快的心情	1. 调查遗传现象 2. 模拟染色体 3. 探究酒精对水蚤心率的影响 4. 模拟皮肤是人体的一道屏障 5. 探究食品保鲜的方法 6. 制作生物进化树	1. 全景生物节 2. "明日科学家"修学 3. 人口增长的"并发症" 4. 人的指纹 5. 我的指纹 6. 制作我的爱心小贴士 7. 《拒绝毒品，关爱生命》手抄报比赛 8. 生态校园 9. 疫苗的发现史 10. 遗传规律发现史

第五部分　学科课程实施与评价

"全景生物"应该是贴近生活的、能够学以致用的，为了让学生在这个课程里认识自身、贴近自然、掌握生活技巧，我们从"全景课堂"、"全景学科"、"全景节日"、"全景社团"、"全景之旅"等方面推进学科课程建设。

一、建设"全景课堂"，落实生物学科基础课程

为了落实生物学科基础课程的培养目标，我校生物学科组认真钻研教材，对教材进行了整合，全力打造"全景课堂"。

(一)"全景课堂"的实践操作

课堂是一门学科的灵魂，因此"全景课堂"要以学情为基础，以兴趣为引领，以实验为抓手，促进学生生物科学素养的提高。

1. "全景课堂"是把握学情的课堂。把握学情是教师教学策略选择、教学活动设计、教学反馈的落脚点。不同年级、不同年龄段、不同性别、不同资源环境的学生的生物科学素养不同导致学情不同，只有把握了学情才能有针对性地进行指导，奠定学生思维萌发的基础。课前学情是备课的基础，采用谈(师生、师师交谈)——访(家访)——问(问卷)——测(预测学情)——看(预习情况)的方式了解学生的学习态度、方式、认知等。课中，评价与教学同步，随时根据学情调节教学过程，对不同层次的学生采取不同的方式，使教学过程最优化。采用听(学生对问题的回答)——看(学生习题的完成情况)——读(懂学生的神态、表情、动作)的方式。

2. "全景课堂"是巧设情景的课堂。生物学科的特点之一就是贴近生活，当学习的材料与学生已有的知识和生活经验相联系时，学生对学习会更有兴趣。教师有目的、有计划，有层次地设疑、激疑、导疑，使学生的思维环环相扣，层层登攀，点燃学生思

维的火花。教师启发、诱导,做"引路人",当"催化剂",充分发挥主导作用,在课堂教学过程中"变教为诱,变教为导",激发学生的好奇心,引发学生的学习兴趣,激发他们主动求知的欲望。"变教为诱"要求教师循循善诱,较好地发挥其主导作用,始终以引路、诱导的方式,把学生领进生物学知识的殿堂,而不是把现成的知识、结构硬灌给学生,硬让学生接受。教师设置的问题情境如果是学生普遍经历的实际生活,但平时又不曾注意,这时设置这样的情境,就能激发学生提问的积极性,学生对情境的理解和感触也会更加得深刻。

3."全景课堂"是善用活动的课堂。教学贴近学生的生活实际,学有用的科学知识,科学教学应该联系学生的生活,关注学生的生活。"变学为思"就是要求教师在生物课堂教学过程中刻意渗透方法、能力的培养,调动起学生思维的主动性、积极性,启发学生独立思考,自己发现规律,自己得出结论,做学生的主人,实现学生在生物课堂教学中的主体地位。因此,一个精彩的课堂活动对一个课程设计来说是必不可少的。全景课堂就是在精心设计的基础上善用各种活动,可以是课上的小实验、小游戏、小设计、小思考、小绘画、小制作、小合作、小表演和课后的调查、访问、参观、资料收集整理以及观察记录等不同的教学策略和方法,达到教学目标。

4."全景课堂"是有效评价的课堂。课堂评价的目的是为了检测学生学习情况和教师教学行为,是课程的重要组成部分。有效的课堂教学评价应该以学生的综合能力为出发点,首先关注学生的学习,以促进学生的发展为目的。重视对学生探究能力、情感态度与价值观的发展状况进行评价,要重视检测学生知识目标的达成。教师对学生的评价要注意情感的注入,要有针对性、讲究语言。

(二)"全景课堂"的评价标准

"全景课堂"教学评价以课程标准为依据,运用可操作的科学手段,通过系统地收集有关教学的信息而对教学活动的过程和结果做出价值上的判断,遵循导向性原则、可操作性原则、可接受性原则、可发展原则,从三维目标、过程与方法、情感态度与价值观、训练提升等几个方面进行评价,加深教师对全景课堂的深入理解,完善全景课堂,不断提升自我,实现高效课堂。根据课型的不同,设计"全景课堂"教学评价表(见表5-3)。

表 5-3　江苏省南菁高级中学实验学校"全景课堂"教学评价表

年　　月　　日

班级			执教者		评课人			
评价内容			评价要求			评价结果		
						A	B	C	D

评价内容		评价要求	A	B	C	D
三维目标	知识目标	1. 依据课程标准制定明确的教学目标； 2. 根据学生的实际情况,教学目标要有一定的层次性。				
	能力目标	重视基础知识和基本技能的训练,关注核心素养的培养。				
	情感目标	结合教材实际,联系学生的思想、生活和实践,引导学生参与,激发学生的学习兴趣,渗透德育教育,体现生命教育和生态观教育。				
过程与方法	创设情境,导入新课	依据教材联系学生的生活实际、社会热点等创设情境,激发学生积极思考,产生学习的激情和未知的欲望;尊重生本、尊重科学。				
	自主探究,合作交流	1. 课程的设计具有层次性,学生结合教材自主学习； 2. 学生对学习中的疑惑充分交流,探究体验贯穿始终； 3. 设计开放性问题,创设探究环境,大多数的学生有机会在探究活动中张扬个性； 4. 教师专业知识和技能扎实,语言精炼、规范、有感染力,能创造性地使用教材,处理好教学预设与课堂的生成关系,质疑、点拨、调控及时到位,教学环节完整； 5. 注重预设的科学性,做到生成自然。				
	展示成果,质疑深化	1. 学生互动要占有一定的时间； 2. 针对教材重、难、疑点知识的理解和感悟,互动交流要有实质性内涵,能主动答辩,互动质量较高； 3. 学生展示充分,参与面广,展示形式多样； 4. 时间安排合理,小组合作有效。				
	梳理知识,归纳总结	学生自主构建,组内交流,教师引导形成知识网络。				

续表

评价内容		评价要求	评价结果			
			A	B	C	D
情感态度与价值观	师生合作	1. 师生互动、配合默契,情感教育贯穿始终; 2. 体现课堂的民主化,文化育人贯穿始终,生本教育贯穿始终; 3. 促进学生和谐主动、可持续发展。				
	学生态度	学生学习积极主动,富有浓厚的学习兴趣和较高的学习信心,习惯养成贯穿始终。				
训练提升	目标达成	1. 根据教学目标设计检测题,题目具有层次性; 2. 反馈矫正措施得当,补偿教学及时; 3. 课堂检测效果明显,能够有效达成学习目标。				
	形成能力	学生能够较好地掌握基础知识和基本技能,学有所获,并且具备一定的分析问题以及解决问题的能力。				
意见与建议			总评			

二、 建设"全景学科",落实生物学科拓展课程

(一)"全景学科"的操作路径

为了充分发挥生物课程的包容性,提高学生动手实践操作的能力,培养小组分工合作进行探究的习惯,发扬生物课程与生活联系紧密的特点,"全景生物"积极落实"生物＋X"的生物学科课程群,这些"生物＋X"拓展课程包括"生物＋其他学科"、"生物＋实验操作"、"生物＋青春期教育"等。

1. "生物＋其他学科"

生物＋语文:每一个生物都有自己别致的语言。"全景学科"就是让学生从文字中读懂生物,用文字与生物交流,用文字为生物代言。如"菁园叶语"活动,自己采摘一片叶,通过查阅资料,认识它的生物学名称,体会这片叶的心声,为它写一首小诗。

生物＋数学：每一个生物都有自己独具魅力的数字符号。"全景学科"就是带领学生读懂生物中蕴藏的数字奥秘,用数学的方法解决生物中的问题。如"人体的黄金分割",就是利用数学中的黄金分割比例探寻什么样的人体才算是完美的。

生物＋化学：生命的组成是化学物质。"全景学科"就是让学生用化学的眼光看生物,用生物的思维读化学。如"制作叶脉书签"实验,学生在这个过程中,既学到了有关各种不同树叶的知识,又学到了"氢氧化钠"的性质。

生物＋地理：每一种生物都有其特定的生存环境,"全景学科"会带领学生从不同的经度、纬度,不同的温度、湿度,不同的土质、水质来看生物,了解生物与环境之间的关系。如利用"调查一个生态系统"的活动,让学生小组分工,在校园里调查一个生态系统,在这个过程中,既要详细调查各种生物成分,又要调查到"空气流动"、"水源"、"阳光分布"等地理上的资源。

生物＋物理：每种生物都有其独特的物理特性。"全景学科"会带领学生从物理的角度看生物,从生物的角度读物理,使两门学科的知识相辅相成,以便达成目标。如"模拟晶状体的工作原理"实验,利用凸透镜对光的折射作用,在白板上成一个倒立缩小的实像,模拟晶状体折射光线在视网膜上成像的过程,既了解了眼球结构和功能,又学到了光学知识。

生物＋历史：每一段旅程都会有一个故事,成就一段历史。"全景学科"通过生物发展史、显微镜发明史、细胞发现史、光合作用发现史、呼吸作用发现史、疫苗的发现史、微生物发现史、青霉素发现史、遗传规律发现史、生物进化论发展史、人类发展历史、揭秘生命起源等一系列生物、生物现象、生物科技的发现和发明过程,带领学生模拟还原当时情景,让他们知道什么是科学家所具有的科学品质,如要有好奇心,善于想象,敢于尝试,努力探索;要有恒心,敢于吃苦,坚持不懈,顽强拼搏;要有责任心,尽心尽力,敢于承担,大公无私,热情奉献。

生物＋美术：每一个生物都有自己的美。"全景学科"就是让学生在生物研究中发现生命之美、色彩之美、形状之美、比例之美,再用美术的方法继续延伸生物带来的美感。比如叶脉书签制作需要后期对叶脉进行美化处理,《菁园叶语》设计需要前期进行美感设计,让学生用美的语言继续阐述科学语言。

2. "生物 + 实验操作"

全景生物实验是在课本实验的基础上有所拓展,将一些更有趣味、更贴近生活的实验加入进来。例如我们设计了"小生态瓶的制作"、"藕断丝连"、"做酒酿"、"嫁接仙人球"等实验。

制作小生态瓶。将标本瓶冲洗干净,装入约 900 mL 新鲜干净的河水,再向瓶内放入小虾和绿藻,然后盖上瓶盖。将石蜡放入烧杯内,用电炉升温使杯内石蜡溶化,再用毛笔取石蜡液把瓶盖口密封好,使之不透气。将上述制好的生态瓶放在窗台上,注意不能受阳光直射,防止水温升高,导致虾的死亡。这样小虾便可以在此密封的标本瓶内长期生存。

通过藕断丝连的现象,了解了植物体内运输水分和无机盐的部位,原来在整个莲的身体里,不只是藕中有丝,其他部分,比如叶、叶柄、花梗和莲蓬折断以后,也都有丝连着。植物生长的时候,需要有运送水和溶于水中的无机盐的系统,这个系统被称为导管,在莲体内,导管内壁上有一层叫次生壁的组织,形成环形和螺旋形的花纹,具有一定的弹性,藕或花梗被折断的时候,螺纹导管在一定程度上会像弹簧似的被拉长而不断,这样就能抽出十多厘米长或者更长的丝。

在父母的帮助下,利用酵母菌的无氧呼吸,亲手酒酿。选上等糯米,反复淘洗几次,淘清白浆,清水浸泡。之后将浸泡好的米沥干,投入蒸锅内,在蒸煮时火力要猛,出大汽后 10 分钟,揭盖,向米层洒入适量清水。再蒸 20 分钟,饭粒膨胀发亮、松散柔软、嚼不沾齿,即已成熟,可出锅。米饭出锅后,用凉开水均匀地浇在饭上,并使之冷却至 30℃左右。将酒曲均匀地拌在糯米中,转入容器,压实,中间扒一个小窝,然后用保鲜膜或纱布密封,置于温暖处发酵,2—3 天后,即可闻到甜甜的酒酿香味。

自己尝试嫁接仙人球。选择尺寸大于 5 厘米健康的仙人球,用锋利的美工刀把球体上半部周围削去,保留生长点,然后晾 15 分钟,伤口干后,用剃须刀片削开生长点。之后选择接穗,用当年播种出苗 1—3 个月的小苗,去除根部的植料,放于中指上,在球体最粗的地方,刀片斜推而下,将小苗分开,把上半部的伤口对准砧木的生长点放下,按压一下,使砧木和接穗结合紧密,之后放在通风环境 15 分钟左右,待伤口表面干后进行套袋保湿。3—4 天后,伤口愈合,去除塑料薄膜,即可查看嫁接是否成功。

3. "生物＋青春期教育"

为增强同学们对青春期生理知识的了解,加强青春期心理健康教育,增强防范和自我保护意识,提高同学们健康常识与水平,树立健康生活理念,全景生物学科分别针对男女学生不同的特点,开展不同的青春期健康教育讲座。

在男生专场,我们以"关注健康、快乐保健、做生命的主人"为题,首先从动物性和社会性两个不同的角度阐述了如何做一个男人,接着从男生青春期的生理、心理变化、生长和发育的特点,常见心理问题、青春期不良行为及自我保健等方面做详细的讲解。

在女生专场,我们以"关注青春、关爱健康"为题,从认识青春期的自己开始,就女生青春期生理、心理特点、生理期的注意事项、女生的自我保护等方面,通过生动的图片、真实的案例和形象的语言,让同学们更直观更科学地了解青春期的健康知识。提醒女生要养成良好的生活习惯和卫生习惯,辨析友情与爱情的关系,随着女性青春期的到来会随之发生全景的青春情感,希望同学们能正确对待,在与异性交往中做到理智和谨慎,把握好交往之"度",学会自我珍惜和自我保护。

(二)"全景学科"的评价标准

1. "生物＋其他学科"的评价标准。在"生物＋其他学科"的课堂学习中,我们的评价标准既要体现生物学科作为"生物"的主体地位,又要兼顾"X"在课程中的突出作用,所以我们采用两个学科教师同时打分,根据学生在课堂的表现,分认真、积极、自信、合作、条理、创新六个项目,以生物教师60％＋X学科教师40％的权重,给学生全面、合理的评价(见表5-4)。

表5-4　江苏省南菁高级中学实验学校"生物＋其他学科"课堂学习评价表

项目	10—15分	5—10分	0—5分	生物教师评分(60％)	X学科教师评分(40％)
认真	上课认真听讲,作业认真,参与讨论态度认真。	上课能认真听讲,作业依时完成,有参与讨论。	上课无心听讲,经常欠交作业,极少参与讨论。		
积极	积极举手发言,积极参与讨论与交流,大量阅读课外读物。	能举手发言,有参与讨论与交流,有阅读课外读物。	很少举手,极少参与讨论与交流,没有阅读课外读物。		

项目	10—15 分	5—10 分	0—5 分	生物教师评分(60%)	X 学科教师评分(40%)
自信	大胆提出和别人不同的见解,敢于尝试和表达自己的想法。	能提出自己的见解,并作出尝试。	不敢提出和别人不同的见解,不敢尝试和表达自己的想法。		
合作	善于与人合作,虚心听取别人的意见。	能与人合作,能接受别人的意见。	缺乏与人合作的精神,难以听取别人的意见。		
条理	能有条理地表达自己的意见,解决问题的过程清晰,做事有计划性。	能表达自己的意见,有解决问题的能力,做事有一定的计划性。	不能准确表达自己的意见,做事缺乏计划性,不能独立解决问题。		
创新	具有创造性思维,能用不同的方法解决问题,独立思考。	能用老师提供的方法解决问题,有一定的思考能力和创造性。	思考能力差,缺乏创造性,不能独立解决问题。		
评分					

2."生物＋实验操作"的评价标准。生物是一门实验学科,只有通过动手实践,才能真正掌握生物知识,所以在我们对学生实验的评价标准中,着重体现了对学生动能力的要求,督促学生摆脱纸上谈兵的旧习惯,真正动起手来(具体评价标准见表5-5)。

表5-5　江苏省南菁高级中学实验学校学生"生物＋实验操作"评价表

评价项目	评价标准	得分
实验预习(10分)	通过预习,明确实验目的、重点内容,以及了解新接触的仪器的使用方法。(5分)	
	写出简明、合理的实验预习报告,并且在实验中能根据预习报告较熟悉地进行操作。(5分)	
课堂纪律(20分)	无迟到或未经老师许可而离开实验室的现象。(5分)	
	无大声喧哗、嬉笑或与人讲与实验无关的话的现象。(5分)	

评价项目	评价标准	得分
	无大声商讨实验而影响课堂秩序的现象。（3分）	
	无随意在室内走动的现象。（2分）	
	无实验前动用仪器或实验中动用他组仪器的现象。（5分）	
实验过程与思维习惯(50分)	实验操作准确规范。（20分）	
	同组两人均观察到较明显的实验现象。（5分）	
	能对实验现象进行准确判断,对出现的异常现象进行分析、解释或及时请教老师得到答案。（10分）	
	及时记录实验现象和相关数据。（5分）	
	能根据实验结果分析、归纳现象的本质,探求规律或对新接触的仪器归纳其使用要点,做好实验报告。（10分）	
规范使用实验仪器(10分)	没有损坏实验仪器。（3分）	
	所有仪器能按使用规范正确使用。（2分）	
	使用后的仪器正确放置在规定的位置上。（1分）	
	若实验中出现反光镜、压片夹脱落等现象,能自行安装解决。（2分）	
	不影响其他同学做实验,损坏仪器及时登记、赔偿,并进行更换。（2分）	
实验室卫生情况(10分)	实验过程中保持桌面、地面、水槽清洁,实验材料、废纸不乱扔。（3分）	
	实验中不将水或其他液体滴在课本、实验报告或评价表上。（3分）	
	实验后清理实验桌周围地面,并将凳子放在实验桌下面,经老师许可后离开实验室。（4分）	
总分		

3. "生物＋青春期教育"的评价标准。在接受过青春期教育之后,学生自己对照"生物＋青春期教育"的评价表给自己打分(具体见表5－6)。

表5-6　"生物＋青春期教育"的评价表

江苏省南菁高级中学实验学校"生物＋青春期教育"的评价表

班级_____　姓名_____　得分_____

（1）我对青春期的生理变化、生长和发育的特点_____。

A 有了比较简单的了解。（5分）

B 有了比较详细的了解。（10分）

C 有了比较详细的了解，并且能根据这些知识，对自己身体发育有一个正确的评估。（15分）

D 有了比较详细的了解，并且能根据这些知识，解决有关自己身体发育的疑惑。（20分）

E 有了比较详细的了解，并且能根据这些知识，解决有关自己和同学身体发育的疑惑。（25分）

（2）我对青春期的心理变化、常见心理问题_____。

A 有了比较简单的了解。（5分）

B 有了比较详细的了解。（10分）

C 有了比较详细的了解，并且能根据这些知识，对自己心理变化有一个正确的评估。（15分）

D 有了比较详细的了解，并且能根据这些知识，解决有关自己心理变化的疑惑。（20分）

E 有了比较详细的了解，并且能根据这些知识，解决有关自己和同学心理变化的疑惑。（25分）

（3）我_____养成平稳度过青春期的良好的生活习惯和卫生习惯。

A 知道怎样。（5分）

B 开始尝试。（10分）

C 已经逐渐。（15分）

D 已经完全。（20分）

E 能够帮助他人一起。（25分）

（4）在与异性的交往中，我_____理智和谨慎，把握好交往之"度"。

A 知道应该。（5分）

B 能够判断什么样属于。（10分）

C 大致能够做到。（15分）

D 已经能够做到。（20分）

E 能够帮助他人一起做到。（25分）

得分在0～60之间则效果较差，60～80之间则效果较好，80～100之间则效果非常好。

三、 开展"全景节日"，浓厚生物学习氛围

为了活跃学生学习生物的氛围，提高学生学习生物课堂的兴趣，培养学生动手能力，鼓励学生大胆创新，结合我校生物课程和生物实验的教学实际，在我校每年一届的科技节中特设"全景生物节"模块。

（一）"全景生物节"的实践操作

提前两周,向全校所有学生征集有关生物学科的手抄报,由生物老师负责数量统计,筛选评分,挑出优秀作品。活动当天,在教学楼悬挂内容为"江苏省南菁高级中学实验学校第×届全景生物节"的横幅,活动场地分为展览区、互动区、咨询区三块。

在咨询区摆出一张展台,由一位生物老师坐镇,任何有关生物节活动的疑问都可以前往咨询。展览区展示"全景生物节"系列活动一览表、"生物与生活"知识海报、学生手抄报、生物前沿成果展等内容。在互动体验区设置以下项目(会根据每年实际情况进行调整):

1. 有奖问答。由生物老师搜集 30 个生物百科问题,并装在箱中,参与问答的学生先抽题并回答所抽的题目,若答对,可出一新题,由生物老师校对答案后投入问题箱,然后继续答题,直到答错为止,根据答对题数目发放奖励。

2. 给校园乔木挂牌。同学们可以统计自己平时在校园中看到的乔木种类,并将其记录下来,通过查阅资料等方式,得到它们的中文名称和拉丁文学名,以及关于该种乔木的简介,之后打印出来贴在事先准备好的乔木图片展板上。最后,老师会根据同学们搜集的资料,选出最准确简洁的制作成挂牌,挂在树干上。

3. 仪器套环。在地上摆上各种实验仪器的图片,由同学进行套环,套中了并且正确答出该仪器的名称,则赠送奖品。

4. 美食品鉴区。由全景生物"我为舌尖狂"社团制作相关美食,如饮料、果汁、酒酿、腐乳、面包、泡菜等进行展出并介绍制作过程、自己的设计理念,邀请学生品尝,投票评选出最受欢迎的美食。

5. 插花体验区。由全景生物"我为花美狂"社团成员负责教体验的学生进行各种花的制作,制作完成后按照插花的要求进行艺术造型,并展出评选出的最美作品。

6. 创意展出区。全景生物各个社团在不同时间做出的作品以实物、照片、影像、文字介绍等形式集中展出,由制作者现场解答,为体验者提供技术服务,物品贩卖所得费用加入江苏省南菁高级中学实验学校爱心基金,用于各种公益活动。

（二）"全景生物节"的评价要求

针对活动的每个项目,分别打分并最后统计总分,按照总分高低,评出优秀班级和优秀个人，评分细则如下：

1. 学生手抄报：凡上交的手抄报，每张得 2 分，由生物老师评出最优秀的 20 张，每张额外得 3 分。

2. 互动游戏：有奖问答游戏中答对一题得 1 分，乔木挂牌游戏中挂牌入选得 3 分，套环游戏中答出所套仪器名称得 1 分。

总分排名年级前 3 的班级，当选"生物节优秀班级"，总分排名前 10 的学生，当选"生物节优秀个人"。

四、 建设"全景社团"，发展学生生物兴趣爱好

社团活动的正常开展，既可丰富学生的课余生活，也可为学生提供一个自主发展的时间与空间。学生以自己的兴趣为导向，创立或参加生物社团。

（一）"全景社团"的实践操作

"全景社团"是生物基础课程的拓展延伸和校本课程的呈现载体。旨在做到学中做，做中学，将生物课堂知识与实践生活相结合。本课程包括"我为种植狂"、"我为根雕狂"、"我为叶语狂"、"我为花美狂"、"我为种子狂"、"我为舌尖狂"、"我为昆虫狂"、"我为模型狂"、"我为实验狂"等。通过各种实践让学生体验生物学习的魅力，发现生物之美。

1. 走进自然生命课程：我为种植狂。亲近自然、热爱生命是生物核心素养的要求，我校大多数学生都来自城镇，很少有机会走进农田，体验种植的乐趣。"我为种植狂"课程就是为了解决这一问题而开设的，旨在利用学校划分的实验田、花房为基地，带领学生从选地、选种、选季节、选播种方法、选温度、选湿度、选氧量、选肥、选水、除草、除虫、除病虫害等几个方面对种子萌发的条件、种子萌发过程、植物生长需要的条件、植物的营养繁殖等实验进行探究，并在此基础上为观赏植物、作物植物、有机蔬菜进行相关方面的设计，与学校实验田的规划、整理进行生态园林设计，并将社团种植的成果向外推广，从中让学生发现生命力量的伟大，将农学、生态学、园林学、美学、经济学、营销学有机结合。

2. 走进植物的根课程：我为根雕狂。根是植物获取水和无机盐的重要器官，由于植物种类和生活条件不同，根的形状、大小、颜色、组成等也出现了差异，如何区分根的差异并且因材施设是"我为根雕狂"课程要做的，旨在引导学生从生物学角度对植物的根进行认识探究，再从美学的角度在根上进行艺术创作，赋予根不一样的生命，提高学生的创造能力和发现美、创造美、鉴赏美的能力。也可以向校内外进行销售，锻炼学生的销售能力。

3. 走进植物的叶课程：我为叶语狂。"我为叶语狂"课程开设的目标是立足于学校校园丰富的植物资源——叶中蕴含的美的语言，设计活动让学生了解叶的科学语言、蕴含的文学语言和美学语言，从而培养学生的创造能力和审美能力。利用生活中显而易见的叶子进行教学，将生物学知识进行拓展延伸，这样就可以做到将知识应用于实践；利用联想、想象的手法赋予叶文学语言，并为叶代言。这样就可以为学生以后的写作提供很好的素材，艺术来源于生活的道理也会深有体会；利用叶的语言来表达和阐述菁园文化，有助于增加学生做为菁园一份子的认同感，才会将优秀的南菁文化传承下去，甚至发扬光大；利用叶贴画的形式来表达自己的感情，在白纸上演绎一个个故事，可以锻炼学生构思、动手、发现美、创造美的能力。培养学生发现、感知、欣赏、评价美的意识和基本能力；通过银杏叶最美卡片、优秀叶贴画评比和展览等形式，调动学生艺术表达和创意表现的兴趣和意识，能在生活中拓展和升华美等，有助于个人成就感和集体荣誉感的培养。

4. 走进植物的花课程：我为花美狂。"我为花美狂"课程是将动手制作与美学相结合，旨在让学生在动手制作中发现美的真谛，体验美的乐趣，一是利用学生灵巧的双手创造各种材质的花，可以是种植的各种花，可以是利用折纸制作的各种花，可以是利用丝网制作的各种花，可以是利用彩带制作的各种花，可以是糖纸等废旧纸制作的各种花；二是利用双手对自己制作的花进行各种造型的设计，以艺术插花的形式展现，也可以向校内外进行销售。

5. 走进植物的种子课程：我为种子狂。种子是种子植物繁殖后代的重要器官，它为什么能够孕育新的生命？到底有什么奥妙呢？"我为种子狂"课程就将针对这些问题对种子的形成过程（有性生殖过程）、种子的形态和结构、种子萌发的条件等各个方面展开研究，认识生命的可贵，认同热爱生命、珍惜生命的观点。利用种子进行各种造型设计,可以向校内外进行销售。

6. 走进美食课程:我为舌尖狂。生活中的很多美食都是来自生物或者生物制品,你知道美食是怎么产生的吗?你知道怎么才能做出美味吗?"我为舌尖狂"课程就是致力于研究发酵产品(如制作葡萄酒、苹果酒、苹果醋、腐乳、馒头、面包、泡菜)、美食颜色、味道的搭配、营养的合理搭配(合理膳食),制作手工香皂、精油、护手霜、润唇膏等,通过自己的实践体验了解生物做成美食的过程,认同珍惜粮食、珍惜食物、懂得感恩的观点,培养自力更生的人生观、价值观。

7. 走进昆虫课程:我为昆虫狂。"我为昆虫狂"课程主要是利用语文名著阅读中法布尔《昆虫记》的阅读,结合生物学的知识对书中出现的各种昆虫进行形态、结构、分类的认识,并且仿照文中作者的描写方法、抒情方法进行自己的创作,相互之间进行交流,形成文字作品;利用实验室现有的昆虫标本、自然界中的昆虫进行实物研究,拓展观察内容,开阔自己的视野,丰富自己的知识。

8. 走进建构课程:我为模型狂。中学生物中要求学生能根据实验主题进行模型的建构,"我为模型狂"课程就是以课本中某一知识为基础,让学生充分发挥自己的想象力和创造力,利用生活中触手可及的材料体验建构模型的快乐,可以培养学生动手能力和合作能力,活跃他们的思维,培养他们养成细致的态度。

9. 走进实验课程:我为实验狂。实验是生物学习的基础,"我为实验狂"课程就是将课本上出现的各个实验重现,并在此基础上思考实验不足之处,以便改进实验,并且进行实验创新、实验材料替代,锻炼学生的动手实践能力和观察问题、提出问题、解决问题的能力。把所学的知识在实践中检验,并将其转化为能力,充分享受实验带来的乐趣。

(二)"全景社团"的评价标准

"全景社团"的每个课程体验都是从学生的兴趣出发,让理论与实践相结合,为了使学生在社团活动中更好地得到自我提升,利于社团自身的发展,在对社团学生进行评价时采用自评(20%)、互评(40%)、师评(40%)相结合的形式对学生的出勤、参与度、动手操作、课堂表现、作品质量、作品推广几个方面进行评价(具体评价细则见表5-7)。

表5-7　江苏省南菁高级中学实验学校"全景社团"活动评价表

课程名称			时间	
指导老师			被评价人	

评价项目	评价内容	评价分值						得分
		5	4	3	2	1	0	
出勤	缺勤 0 分,请假 1 分,迟到 3 分,早退 3 分,出勤 5 分。							
参与度	提前自主学习,按照老师要求积极主动参与(5 分); 按照老师要求,积极参与(4 分); 没有按照老师要求参与(3 分); 参与度不高,老师提醒后积极参与(2 分); 参与度不高,老师提醒后仍消极对待(1 分); 不参与(0 分)。							
动手操作	动手实践能力强,能很好地完成任务(5 分); 动手实践能力强,任务完成质量不高(4 分); 动手实践能力弱,完成质量不高(3 分); 动手实践能力弱,没有完成任务(2 分); 不动手(0 分)。							
课堂表现	认真听讲,思维紧跟老师,积极发言,表现踊跃(5 分); 听讲较认真,偶尔开小差,发言不够积极(4 分); 听讲不认真,经常做其他与课堂无关的事情(3 分); 很少发言甚至从不发言(2 分); 不听讲(1 分); 不听讲,扰乱课堂秩序(0 分)。							
作品质量	能独立完成作业或作品,完成质量高,作品有创意、有价值(5 分); 能独立完成作业或者作品,完成质量一般(4 分); 需要他人帮助完成作业(作品),质量好(3 分); 需要他人帮助完成作业(作品),质量一般(2 分); 只完成少量作业(作品)质量差(1 分); 不做作业(0 分)。							
作品推广	作品被大多数人接受喜欢(5 分); 作品只被极少数人接受喜欢(3 分)。							
建议		总分						

五、 开启"全景之旅"，改进传统教学模式

生物是亲近自然的学科，课堂、校园远远不能满足学生亲近自然、走进自然、感悟自然的需求，而研学旅行正好解决了此类问题。一次好的研学旅行可以让学生投身于自然，用眼去欣赏，用心去感悟，用脑去思考。

（一）"全景之旅"的实践操作

为了开阔学生的眼界，亲身体会奇妙的生物世界，加深对生物学的兴趣，我们开启了丰富多彩的"全景之旅"。

1. 开启全景公园之旅

江阴所处的地理位置得天独厚，这给很多生物的生存提供了便利的条件，因此我们利用中山公园、兴国园、黄山湖公园、五星花园、百花园、望江公园、敔山湾、黄山、狮山湖等本土资源的优势开启全景公园之旅。生物学科组老师首先对这些公园中的生物名称种类特征、生态环境进行了解，在此基础上给学生进行分组布置任务，有目的地观察公园中繁茂的草木，和谐生存的各种生物，体会人工环境与自然环境的相辅相成，感悟人与自然和谐相处的生态美。

2. 开启全景动物园之旅

江阴本土没有动物园，但是周边城市有很多条件非常好的动物园，如无锡动物园、常州淹城动物园、苏州动物园、上海野生动物园、南京动物园等，便利的交通利于我们首选无锡动物园开启全景动物园之旅。无锡动物园的一大特点就是养殖方式的圈、散结合。在禽类馆、非洲食草区、猛兽区、亚洲食草区、灵长区等主要场馆外，均没有看到隔离人与动物的铁丝网，而是用无参观障碍的壕沟、玻璃墙、不锈钢软丝、仿真电草空出安全距离。而无攻击性的动物，如天鹅等水禽，则完全采用室外放养，此外，人工湖岸种植有桃花、樱花等观赏植物，还会吸引当地野生鸟类。

学生可以在动物园里亲眼见到许多珍稀动物，了解它们的生活习性和生存现状，知道了如果动物的生态环境遭到破坏就会给动物带来影响甚至是致命的危害，我们应该从保护环境开始保护动物的多样性。

3. 开启全景植物园之旅

植物到处可见,但是植物园由于其中的植物种类多,涵盖面广,系统分布强是我们开启全景植物园之旅的最佳之地。如南京中山植物园是江苏省中国科学院植物研究所,是"全国青少年科技教育基地"、"全国科普教育基地",是中国植物科学研究、观赏和植物学知识普及教育的基地。我们先参观北园的观赏植物中心、药用植物中心、经济植物中心、江苏省药用植物研究开发中心、江苏省植物迁地保护重点实验室、植物标本馆等场所,后又参观了南园中的热带植物宫、禾草园、盲人植物园、红枫岗景区、盆景园、蔷薇园、药物园、松柏园、树木园、植物分类系统园、自然教育区等场所。

同学们在植物园里亲眼见到了许多珍稀植物,了解它们的生活习性和生存现状,拓展了自己的知识面,欣赏了大自然的和谐美。

4. 开启全景博物馆之旅

很多生物由于地理、时间、空间的限制我们不能在同一时间看到,但是博物馆的建立解决了这个问题,所以我们在常州少儿自然博物馆、上海科技馆、上海自然博物馆等多个博物馆开启全景博物馆之旅,其中常州少儿自然博物馆是常州博物馆下设的一个分馆,馆内拥有各类自然藏品 2 000 多种、4 000 余件,其中属国家一、二级保护的野生动、植物标本 103 种、180 件,珍贵化石及国外珍稀物种标本 200 余种、300 余件,并形成了以皮毛类动物、海螺、国内外精品昆虫及地区性中草药标本为特色的四大系列标本。

同学们在博物馆里感受着自然的神奇魅力,体会着在适应恶劣环境的过程中,生物渐渐改变自身特征的进化过程,对在逆境中崛起的人类祖先有了深深的敬意。

5. 开启全景实验室之旅

实验室是一个充满了神奇色彩的地方,因为那里有很多新兴事物的诞生,很多不可思议的实验正在进行,学生对实验室充满了崇敬之感,对于有志于进行科学研究的学生来说能走进比较先进的实验室参观、学习、实验是个非常难得的机会。所以我们生物组在学校的帮助下借助非常好的平台带领学生走进中国科学院上海分院巴斯德研究所、上海光源、苏州大学生物实验室、无锡市辅仁高级中学实验室、江苏省南菁高级中学实验室等地进行体验感悟。

(二)"全景之旅"的评价要求

我们对全景之旅的评价,采用学生小组自评和教师评价相结合的形式,学生自己记录在全景之旅中的收获占4分,旅行结束之后,每个小组将拍的照片,制作的生物知识卡、PPT等结果通过答辩、展览等形式展示出来占6分,由带队教师进行评分,并对每组成员进行记录点评,并统计每组的得分情况,对总分最高的小组,我们将授予"全景之旅勋章"(评价内容见表5-8)。

表5-8 江苏省南菁高级中学实验学校全景之旅评价表

江苏省南菁高级中学实验学校全景之旅评价表			
全景目的地		旅行时间	
小组组别		组长	
小组成员及分工			
观察记录 (2分)			
新知识记录 (2分)			
旅行心得 (3分)			
旅行成果展示 (3分)			
总得分			
教师点评			

第六部分　学科课程管理

一、价值引领

"全景生物"，就是立足于人与生物圈的关系，去培养学生保护环境的意识，触发学生爱护环境的行动，提高学生的生物素养。因此，整个课程的设计突出考查科学探究能力、信息获取能力，基于事实和证据的归纳、概括、推理等思维能力，以及用生物学知识解释生产生活实际问题的能力。试题设问既重视学生对科学事实（即"是什么"）的准确辨析，也尝试对论证理由（即"为什么"）适当加大考查力度。同时，从局部与整体、微观与宏观等不同层面，结构与功能、稳态与平衡、进化与适应等不同角度，考查学生对生命观念、科学探究的初步理解，有利于从学科关键能力角度正确引导初高中衔接。

在学习中要利用好课本中 STS（科学・技术・社会）教育素材，着力弘扬社会主义核心价值观，落实立德树人根本任务。例如选取中国食文化等素材体现中华传统文化；选取基因编辑技术、埃博拉疫苗等素材体现先进文化，彰显我国科学家对世界的贡献；选取美丽乡村建设、认识外来物种入侵等素材进一步体现"绿水青山就是金山银山"的和谐生态理念。从学生熟悉的生活情境角度体现生活育人，如阅读药品说明书、预防近视、偏食的危害等，对健康生活有积极的指导意义；选取农村清洁生产技术等新情境，要求学生理解知识在生产生活中的应用；选取转基因食品等事例引导学生作出理性判断，体现对其社会责任的教育和引领。

二、团队建设

我校现有生物教师总数 5 人，其中 45 岁以下的中青年教师 4 人，学历达大学本科以上者 5 人。虽然任务重人员不足，但是生物组的教师们克服了种种困难，每个人都超工作量地完成了生物教学工作、实验室管理工作以及学校安排的各种任务。

为全面提高我校生物学教师的教学水平,以科研促教学,科教相长,组建一支稳定团结、高水平、高素质,学历、年龄、结构合理,具有敬业精神和拼搏精神的研究型的优秀教师队伍,我们采取了以下具体措施:一是一贯坚持老教师言传身带的做法,适时安排青年教师参与听课、试讲、答疑、评卷、指导实验等基本教学环节;二是青年教师上讲台前,先有讲课效果好的教师做示范,然后再进行说课、点评、上课;三是利用教研组、备课组活动契机经常开展学术讨论,给青年教师讲解教材中的重点和难点;四是坚持不定期开展教学内容和方法的研讨活动,以及优秀课件的展示及观摩教学活动;五是鼓励并带动教师参加各类科研课题,坚持教学科研相长,并将部分科研成果以学术论文的形式在各级学术平台进行交流;六是召开学术报告会,介绍学科发展动向,介绍一些最新的理论和方法,使教师拓宽专业,始终站在本学术领域的制高点,真正使教师具有深厚而扎实的理论基础和系统而深入的专业知识;七是鼓励教师把握机会,多多参与各种进修,努力提高自己的专业素养。

三、 制度建构

(一) 学科建设制度

课程开发精品化、校本化。精品课程是具有一流教师队伍、一流教学内容、一流教学方法、一流教材、一流教学管理等特点的示范性课程。我们的学科建设,就是要朝着能开发建设精品课程的目标努力。我们拥有充满朝气且教学实绩突出的教师队伍,我们已经开发了"菁园叶语"这样优秀的校本课程,正式出版了《生物探秘》校本教材。生物备课组将主动负责"全景生物"校本化课程的开发。以"体验生命体的美好"为课程开发核心目标,不同教师根据各自个性特点和兴趣特长,立足地方特色资源,开发适合于校情和学情的生物学科精品校本课程。原则上每位教师负责至少1门拓展或活动课程的开发,并作为教师专业发展和考核的重要依据。

教研活动项目化实践化。本组教研活动,将以"精品课程"开发为契机,以课堂教学改革为重点,探索构建"以学情为基础,以兴趣为引领,以实验为抓手"教学新模式,每次活动确定具体的活动主题和项目,按照"边开发、边试用、边完善"的思路,在教师自主研发的基础上,举行各种研讨、交流、论坛、沙龙等,借助"头脑风暴",实现"优中选优"、"滚动发展"。

（二）分享制度

通过学期的课程成果分享会，不同课程间的经验交流，博采众长，优势互补，同时听取学生、家长和学校的建议，更好地完善生物学科课程的架构、实施和评价。

四、　硬件保障

我校的生物实验室位于实验大楼二楼，始建于 1987 年 1 月，经过多次改造现有 2 个实验室、1 个探究实验室、1 个仪器室、1 个准备室、2 个标本生态园室，仪器设备的资源可以满足初中生物教学需求。每年都有专用经费用于实验室的建设和运行以及增添仪器设备。

另外我校具有 130 多年的历史，在校园里到处可见鸟语花香，很多具有悠久历史的名贵物种也到处可见，我们就利用课上或者课余时间带领学生参观校园、观察校园生物的形态结构特征、生活习性及生活环境。将校园作为我们的课堂，不仅可以很好地利用资源、提高学生兴趣，而且可以让学生更直观地接触大自然，从亲身体验中有所收获。

五、　课题研究

鼓励教师在做好课程开发的基础上，积极申报与"全景生物"相关的省市级研究课题，或者设立子课题进行细致化的研究。

利用我校在江阴市的影响，积极地与兄弟学校进行交流，开展教学研讨或者合作开展课题研究工作，以便达到以课题研究促教师专业提升的目的。

（赵琳　邬芳蕾）

第六章

学科课程群的评价建构

学科课程评价是价值判断的过程,其目的是检查学科课程目标、学科课程设计以及学科课程实施是否实现了预定的教育目的,实现程度如何,以判定课程之成效,并据此作出改进课程之决策的过程。学科课程评价的内容是全方位的,评价的方法是多样的。从发展趋势看,学科课程评价强调评价的情境性、真实性以及过程性,重视学生解决问题的过程,重视采用灵活多样的评价方法调动师生参与课程评价的积极性。

美国课程论专家比彻姆认为,课程评价包含判断课程系统的效果以及对课程设计合理性作出判断的过程。学科课程评价是价值判断的过程,其目的是检查学科课程目标、学科课程设计以及学科课程实施是否实现了预定的教育目的,实现程度如何,以判定课程之成效,并据此作出改进课程之决策的过程。当前,价值多元、内容多维和手段多样,已成为学科课程评价最曼妙的存在。

从评价范围角度看,学科课程评价的内容是全方位的。我们可以聚焦学科核心素养的具体要求,采取模块化评价方式进行评价。模块化评价是根据每个学科的知识领域和学科特点分别设计考核模块。每一个学科有分项评价的具体内容,比如语文学科课程的评价内容包括"阅读"、"习作"、"口语交际"、"综合性学习"四个模块,数学学科课程的评价内容包括"数与运算"、"图形与几何"、"概率与统计"、"综合与探究"四个模块,英语学科课程的评价内容包括"语音"、"词汇"、"词法"、"句法"、"语篇"等多个方面。除了评价内容的多维,评价方式也是多样的,可以是日常观察、作业分析、表现性评价、纸笔测试等的综合运用。

从评价操作角度看,学科课程评价的方法是多样的。它既可以是定量的方法也可以是定性的方法,测试或测量只是其中的一种方法,并不代表课程评价的全部。如在中小学,展示性评价是一种真实的课程评价方法,更是一种有意义的课程实施方式。展示性评价有多种表现形式,可以采取小组展示形式,也可以采取个人展示形式,还可以采取"小组秀 + 个人秀"的方式进行,鼓励孩子们大胆地展现。我们也可以采取真实性评价,聚焦多维学习目标的任务驱动。真实性评价兴起于美国二十世纪八九十年代,是一种要求学生通过完成真实任务来展示对所学知识掌握情况以及对技能的意义运用能力的评价方式,它要求学生运用所学的知识和技能去完成真实世界或模拟真实世界中一件有意义的任务,用以考察学生问题解决、交流合作和批判性思维等多种复杂能力的发展状况。它集中关注学生的分析能力、综合所学知识的能力、与他人合作的能力以及书面或口头表达能力等。我们也可以采取游园式评价,为孩子们设计评价项目,如果园寻宝、超市大赢家、海底拾贝、我行我秀、小鬼当家、打水怪等。游园项目设计不仅要抽查本学期各学科的学习情况,而且还结合学生的行为习惯和寄宿制学校的特点考查学生的生活独立和自理能力、同学间交往和合作等能力等,将活动与智慧相结合。

从发展趋势看,学科课程评价强调评价的情境性、真实性以及过程性,重视学生解决问题的过程,重视采用灵活多样的评价方法调动师生参与课程评价的积极性。如我们可以采取表现性评价,用真实的活动表现来判断。表现性评价是教师让学生在真实或模拟的生活环境中,运用先前获得的知识解决某个新问题或创造某种东西,以考查学生知识与技能的掌握程度。表现性评价是注重过程的评价,在课程评价中受到普遍的重视。表现性评价往往通过客观测验以外的行动、表演、展示、操作、写作等更真实的表现来评价学生表达能力、思维能力、创造能力、实践能力。表现性评价要求学生演示、创造、制作或动手做某事;要求激发学生高水准的思维能力和解题技能;使用有意义的教学活动作为评价任务;唤起真实情景的运用;人工评判而不是机器评分。表现性评价可以分为两种,一种是限制式表现性评价,一种是开放式表现性评价。限制式表现性评价对评价的任务、目标有非常明确的要求,而且对被评价者的行动做了一定的限制。开放式表现性评价是一种对被评价者完成评价人物的材料、方法、结果不做限制要求的评价方法。例如,要求学生以"抗日战争"为主题做一次演讲发言就是一种开放式表现性评价。

当然,在实践过程中,学科课程评价方法远远不止如此。不同评价方法的思维方式甚至思想方法的变化,都内含着不同的课程评价框架和思维结构。从总体上看,学科课程评价方法经历了实证化方法向人文化方法的演化。通过比较不同类型的课程评价方法,我们可以形成由课程设计评价、课程实施评价以及课程结果评价交融的学科课程评价框架。

（费玉新）

┃ **范例** ┃

宽美术：判定价值实现的学科课程群设计

我校现有专职美术教师三名,其中无锡市教学能手一名,有 20 年以上专职教龄的老师两名,她们分别循环任教初一、初二、初三年级,对初中生美术学习现状有较为全面的了解。随着教育部对美术教学的日益重视,我校美术组教师基于《国务院办公厅关于全面加强和改进学校美育工作的意见》、《义务教育美术课程标准(2011 年版)》(以下简称《课标》)精神结合我校美术教育的实际情况,制定了具有我校特色的美术学科课程建设。

第一部分 学科课程背景

一、我国美术教育现状

《课标》中指出在推进素质教育的过程中,越来越多的人认识到美术教育在提高与完善人的素质方面所具有的独特作用,美术教育被社会广泛关注。我国美术教育的改革由最初的"双基"(知识与技能)的学习,发展为后来提倡素质教育的三个纬度"知识与技能、过程与方法、情感态度与价值观",直至现今提出提倡"人文教育",将美育引进美术课堂,强调了美育的核心教育是"提高审美和人文素养"。但在现行的中小学美术教材中,很多地区仍然以美术专业知识与专业技能的学习为主,其结果是造成大多数学生失去学习美术的兴趣。

二、 我校美术教育的现状与改革

美术教学好像在大海中航行,《课标》是"指南",教师是"掌舵手"。优秀的教学是一项复杂的事业,教师作为教室里的引导者,必须在了解美术教学现状的基础上合理规划课程。我组教师结合我校美术教学现状分别从学生层面、教师层面、教学策略三方面总结了以下几点:一是学生普遍认为美术学习就是学画画,很少意识到美术学习是宽泛的,美术教育的目的不是培养理解美术知识和掌握相关技能的人,而是通过美术的学习获得全面协调的能力,为以后的生活、工作等提高自己的求新、求异和创造能力。二是教师在课堂教学中综合性和多样性不足,要做到持久提高学生学习兴趣,需营造开放式课堂,将课堂延伸到教室之外的大环境。需注重与其他学科的相互联系,注重与社会文化相结合,将生活乐趣、艺术实践、服务社会三者有机地统一起来。三是为提高学生解决问题的能力培养学生的综合素质,我校学生校园生活丰富多彩,各种活动都离不开美术设计,比如艺术节、风筝节、读书节、最美教室评比等等。这些活动与校园、社会文化都有着密切的联系,给予了学生绝无仅有的体验,促进了大部分学生学习美术的兴趣。

第二部分　学科课程理念

《国务院办公厅关于全面加强和改进学校美育工作的意见》中对美育的课程要求是:"要以审美和人文素养培养为核心,以创新能力培育为重点,科学定位各级各类学校美育课程目标。"它对我校美术教育课程的编制有重要指导意义。

一、 学科性质观

《课标》中指出:"美术课程以对视觉形象的感知、理解和创造为特征,是学校进行美育的主要途径,是九年义务教育阶段全体学生必修的基础课程,在实施素质教育的过程中具有不可替代的作用。"

1. 美术课程凸显视觉性。学生在美术学习中积累视觉、触觉和其他感官的经验,发展感知能力、形象思维能力、表达和交流能力。

2. 美术课程具有实践性。学生在美术学习中运用传统媒介或新媒体创造作品,发展想象能力、实践能力和创造能力。

3. 美术课程追求人文性。学生在美术学习中学会欣赏和尊重不同时代和文化的美术作品,关注生活中的美术现象,培养人文精神。

4. 美术课程强调愉悦性。学生在美术学习中自由抒发情感,表达个性和创意,增强自信心,养成健康人格。

总之,美术课程不能局限地理解为"画画"课,美术教育应该注重素质的培养;注重激发学生的创新精神与培养学生的实践能力;注重美术文化的学习以及与日常生活的联系;注重美术与其他学科的相互关联,强调个性的发展。因此,我校提出"宽美术"课程理念,丰富学生的美术学习经历,给予学生更多的实践机会。

二、 学科课程理念

我校"宽美术"的学科课程理念:"宽美术"中的"宽"并不能仅仅理解为美术的种类与形式是多样的,而是强调美术是基础教育,要面向所有学生;注重视觉特征,提高学生的审美能力,激发全体学生的学习兴趣;加强人文关注,以美育人、以文化人,强调美术教育与各文化领域与社会生活的密切关联;注重美育在各个领域的实践与运用,培养学生的创新创造、解决问题的能力。基于这些观点,我校美术课程标准的基本理念有:

(一)"宽美术"是宽泛的美术,是富有审美活性的基础学科

审美是一种视觉体验,是"宽美术"理念中基本素养的集中体现。"美"是一个宽泛的概念,美的形态多种多样。"宽美术"课程基于美术学科理念,着力培养学生对美的认识,不仅仅局限于"艺术美",同时也要关注"自然美与社会美"。注意审美趣味、审美格调、审美理想的教育,注重培养学生具有高尚的审美品味。

（二）"宽美术"是宽容的美术，是尊重生命个性的趣味学科

美术的特点通过视觉来接受，具有鲜活生动的形象，强烈的艺术感染力。孔子说过："知之者不如好之者，好之者不如乐之者。"兴趣是学习美术的基本动力之一，教学过程对学生造成的感受是学生能否积极学习的关键。我校的"宽美术"课程突出美术教育的趣味性，尊重生命的个性特征，课程内容与学生的情意与认知特征相适应，以活泼多样的课程内容激发学生的学习兴趣，营造自主选择的学习环境，满足学生全面而有个性的发展需求。

（三）"宽美术"是宽广的美术，是富有文化与生活情趣的人文学科

美术是一门文化课程，是人类文化的一个重要组成部分，与社会生活的方方面面有着千丝万缕的联系，美术学习绝不仅仅是一种单纯的技能技巧的训练，而应视为一种文化学习。我校美术课程贯彻"生活有多宽广，美术课堂就有多宽广的教学理念"，注重关注隐藏在作品背后的社会历史文化，以及与其他学科文化、校园文化、社会文化、世界文化的综合，让我们的课程以自觉的态度走进文化与生活。

（四）"宽美术"是宽阔的美术，是富有开发潜能与创新能力的实践学科

"创新"是艺术的生命源泉，是"宽美术"的最终升华。艺术作品的诞生，除了运用一定的物质材料，其表现手法也是多样的、宽阔的。"宽美术"课程注重培养学生的创新能力，注重引导学生面对相同形式的作品时，能运用不同的工具与表现手法来呈现。美术活动更多地与直觉、灵感、联想、想象联系在一起，不断激发学生想象力和创造力，逐步获得创意实践素养。

第三部分　学科课程目标

《义务教育美术课程标准》（2011版）中美术学科课程总目标是按"知识与技能"、

"过程与方法"、"情感态度和价值观"三个维度设定的。具体表述为："学生以个人或集体合作的方式参与美术活动,激发创意,了解美术语言及其表达方式和方法;运用各种工具、媒材进行创作,表达情感与思想,美化环境与生活;学习美术欣赏和评述的方法,提高审美能力,了解美术对文化生活和社会发展的独特作用。学生在美术学习过程中,丰富视觉、触觉和审美经验,获得对美术学习的持久兴趣,形成基本的美术素养。"

《普通高中美术课程标准》(2017 版)已经明确："美术学科的核心素养主要包括图像识读、美术表现、审美判断、创意实践和文化理解五个方面。"

基于此,我们"宽美术"课程的目标分为两个部分:一是学生通过全日制义务学习应该获得的最佳学习效果,即课程总目标。其次是将义务教育阶段的美术学习分为四个阶段,以相对梯进的关系来具体表述目标,即学科课程年段目标。

一、 学科课程总体目标

(一) 知识与能力的获取

"宽素养",知识与技能是任何学科学习的基础,宽美术教学中强调"知识"与"素养"的结合。素养是在学习美术知识技能的过程中逐渐形成的。因此,基于核心素养的美术教学在传授专业知识技能的同时,还应注重技能技巧学习的方法、形式,注重积累感官经验、美术欣赏和评述的方法,特别是丰富视觉、触觉和审美经验,形成基本的美术素养,使每个公民认识、理解美术,掌握一定的美术基础知识与技能,提高美术文化素养。

(二) 过程与方法的体验

"宽实践",强调"问题式学习",培养学生的综合性思维和问题探究能力。"过程与方法"是指一种认知和学习的策略。美术教学中要善于指引学生如何去思维,在实践中让学生思考、探究、发现,其美术学习效果会大打折扣。因此,我们强调"问题式学习",在"提出问题—解决问题—发现问题"的过程中,让学生亲身经历,在动手和动脑的活动中体验感悟从而发现创造。

(三) 情感态度与价值观的取向

"宽情境",进一步增强美术学习的情境性,情感上注重培养学生乐观的生活态度、求是的科学态度。价值上不仅强调学科的价值,更强调个人价值、科学价值和人文价值的统一。鉴于此,核心素养取向的宽美术教学,将学习内容紧密贴合学生的日常生活经验,以给学生形成一种开放的学习和探究的空间。从而使学生内心确立起对美的追求以及人与自然和谐可持续发展的观念。

二、 学科课程年段目标

《课标》中明确指出美术课程的分目标从"造型·表现"、"设计·应用"、"欣赏·评述"和"综合·探索"四个学习领域设定。对照课程标准,我校"宽美术"课程分别对三个年级设置了各自的年段目标(见表6-1)。

表6-1 "宽美术"课程目标

	造型·表现	设计·应用	欣赏·评述	综合·探索
七年级	1. 注重观察日常生活中的"画意",通过对静物画、人物画的练习,认识与理解线条、形状、色彩、空间、明暗、质感等基本造型元素,运用美术原理进行造型活动,增进想象力和创新意识。	1. 了解设计与工艺的知识、意义与价值,运用设计与工艺的基本知识和方法,结合美术语言,运用美术原理与日常生活用品相关联,进行平面创意、设计和制作活动。	1. 了解中外花鸟、静物、人物画作品,感受自然美、社会美,了解美术作品的背景、风格与流派,了解重要的美术家和美术作品,以及美术与文化生活、社会历史的关联,初步形成审美判断能力。	1. 了解美术各个门类之间的联系,以及美术学科与其他学科的联系,逐步学会将美术学科与其他学科融会贯通的方法,提高解决问题的综合能力。

	造型·表现	设计·应用	欣赏·评述	综合·探索
八年级	2. 关注自然风景,运用多种绘画工具与手法,通过各种美术媒介、技巧和制作过程的探索及实验,发展艺术感知能力和造型表现能力。	2. 感受各种材料的特性,合理使用多种材料和工具进行平面、三维相结合的制作活动,提高动手能力。	2. 通过山水风景画、工艺美术作品的学习,学会从多角度欣赏与认识美术作品,逐步提高视觉感受、理解与评价能力,初步掌握美术欣赏的基本方法,能够在文化情境中认识美术。	2. 认识美术与自然、美术与生活、美术与文化、美术与科技之间的关系,进行探究性、综合性的美术活动,并以各种形式发表学习成果。
九年级	3. 通过雕刻等"立体造型"体验造型活动的乐趣,敢于创新与表现,产生对美术学习的持久兴趣。	3. 善于观察,养成合理计划、精于制作的习惯,团队合作进行园林场景等的环境设计和制作活动,提高对周边环境的审美评价能力。	3. 提高对自然美、社会美和艺术美的审美品味。能运用形式美的原理,感知、分析美术作品中所隐含的美的因素,理解不同国家、民族的文化艺术特点,增添民族自豪感。	3. 开阔视野,拓展想象的空间,激发探索未知领域的欲望,体验探究的愉悦与成功感。

第四部分　学科课程体系

　　美术课程目标是学生以个人或集体合作的方式参与美术活动,激发创意。了解美术语言及其表达方式和方法;运用各种工具、媒介进行创作,表达情感与思想,改善环境与生活;学习美术欣赏和评述的方法,提高审美能力,了解美术对文化生活和社会发展的独特作用。学生在美术学习过程中,丰富视觉、触觉和审美经验,获得对美术学习的持久兴趣,形成基本的美术素养。

一、学科课程结构

以初中美术学科的课程标准中"造型表现"、"设计应用"、"欣赏评述"、"综合探索"的四个学习领域作为基本指导方向。通过研究分析这个学段的初中生的身心发展特点以及我校独特的校园文化。我校课程将围绕美术学科素养,结合多学科文化、地方文化与校园文化,从"审美、人文、创新"三个角度,分为"美的表达"、"创意实践"、"审美思辨"和"综合探索"四个学习领域进行课程分类(见图6-1)。

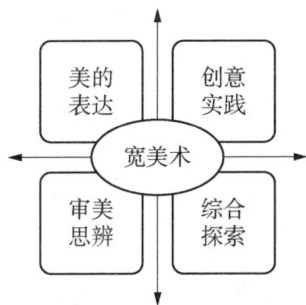

图6-1　"宽美术"课程结构图

二、学科课程设置

我校美术课程设置从七年级到九年级。七年级以"造型艺术"为主,让学生从欣赏到表现,在实践的过程中积累创作素材;八年级以"自然艺术"为主,了解中西方绘画的区别与联系,在多元的文化中提高审美与鉴赏能力,能掌握中国画的基本绘画语言与技法,并合理地运用到美术作品的创作中;九年级以"立体艺术"课程为主,结合地方与校园文化,鼓励学生深入生活,观察社会,关注古建筑与地方传统文化,增强历史感与文明感。具体课程设置如下(见表6-2):

表6-2 "宽美术"课程设置表

		美的表达	创意实践	审美思辨	综合探索
七年级	上学期	**造型写生** 1. 静物的摆放：根据所提供的物体分别运用三角形、对角线等构图形式摆放。 2. 选择运用铅笔、钢笔等单色工具，在一块桌布上添画静物，画面要能体现静物黑白灰的关系。 3. 向西方大师莫奈学习，将上述作业进行"改造"，抛弃明暗造型的传统手法，用色彩的冷暖变化来造型。 工具：铅笔、钢笔、彩色铅笔等。	**图案插画** 1. 了解"二方连续""四方连续""单独纹样"等传统的图案构图形式。 2. 搜集有关"美国禅绕画"的资料，学习其轻松有趣的绘画方式。 3. 结合传统纹样，运用"禅绕画"技巧将图案艺术与插画艺术相融合，为餐椅设计具有中国特色图案的椅垫。	**中外花鸟静物画赏析** 1. 网上查阅宋代工笔花鸟画作品与17世纪荷兰静物画作品。 2. 分析中外作品绘画工具、对象，以及艺术特色。 3. 从历史文化的角度分析其形成作品风格的原因。	**花鸟插图** 1. 结合生物学科，走进自然，了解树木、花草的种类，以及飞鸟昆虫等感受不同的自然美。 2. 结合文学，阅读《诗经》体会诗词意境，结合校园桃树及各种草本植物形成画面感。 3. 采集植物茎叶再组合贴到笔记本上，运用水彩、彩铅等工具进行彩绘并记录其名称及生活特性。
	下学期	**线描人物** 1. 将家庭或者校园生活的人物场景用线描的手法画在速写本上。 2. 将所画人物串联成连环画的形式来表现。 形式：速写，线描。 工具：钢笔，彩色铅笔等。	**制作班级相册** 1. 收集班级同学的生活照或者校园活动时拍摄的照片。 2. 运用今报的手法在废报纸或者白纸盒上画出自己或者班级同学很大的"怪相"（各种有趣的表情）。 3. 将"怪相"做成班级相册。 4. 运用毛线、纽扣、废旧布料、纸盒、树枝等身边的材料给相册穿上"外衣"，并表述自己的设计意图。	**中外人物画赏析** 1. 查阅中外古代人物画家，罗列出中外同一时期的画家。 2. 了解不同时期的艺术家在各自领域中的艺术成就，分别找出外国历史画，中国风俗画，仕女画等作品一幅幅画。 3. 了解所选作品各个时代的社会面貌，风俗人情。深入了解这些人物画得以传世的精髓之处，重温画家作画时的心境，跨越时空的限制，寻找到其中蕴含的真、善、美。	**时装展示** 1. 结合历史、语文等学科，探索唐朝风俗人情，分析唐朝服饰。 2. 策划一场"环保时装秀"表演，结合唐朝知识，进行舞台灯光设计。 3. 通过刺绣、画、染、剪等形式改造旧服装，自制舞台道具，举行"唐风"时装展览。

续表

		美的表达	创意实践	审美思辨	综合探索
八年级	上学期	风景写生 1. 掌握大气透视，空间透视等基础知识。观察校园建筑，植物，园林，感受不同的自然美。 2. 寻找合适的构图就校园建筑，树林花草、园林池塘等进行对景写生。 3. 举办作品展，师生共同探讨写生过程中遇到的问题。	捏塑造型 1. 参观校园景点，寻找发现校园里有哪些雕塑，并按照圆雕，浮雕，找出雕塑形式的不同表现形式与手法。 2. 走访专家和民间艺人，调查本地文化遗产，传统艺术。通过对古建筑，古民居写生，了解民俗风情活动，再用泥塑的形式创作。 3. 参与文化的传承和交流，观赏地方锡剧，了解戏曲文化，并对锡陶人物的服饰，妆容，姿态进行速写练习，再用软陶的形式创作一个或多个锡剧角色。	中外山水风景画赏析 1. 分析王希孟《千里江山图》，西方19世纪风景画家毕莎罗《望退斯的夏天》。分别了解两画家的基本情况，作品尺寸，创作的年代背景。 2. 在地图上标注出作者所画风景山水画的大致位置与现在画作所收藏的地点。 3. 运用场馆，网络等资源分别从古画表现，古画描写，绘画手法等方面探究这几个作品内涵。	园林规划 1. 感受自然与社会，寻找身边的园林美景，家乡的老建筑，包括：老石桥，旧宅院，祠庙宇等，形成影像资料班级共享，寻找美的多样形式。 2. 菁园探幽，观察了解校园建筑，植物，包括老校门，碑廊等的历史文化，感悟沧桑之美。 3. 以睿水池为中心，为校园规划图，设计园林规划图，并用立体材料造出实体模型。
	下学期	笔情墨意 1. 观察教师演示步骤，尝试用笔，墨，水及造型的表达，实践水墨"浓破淡，淡破浓，色破色"等技法，了解笔墨情趣。 2. 采用讲述，示范，临摹不同方法，让学生自主体验，实践中国画的表现形式，临摹大师小品，体悟同题。	书籍装帧 1. 了解书的文化与构成，评价一本最美之书的标准，引导学生主动探究美丽的书。 2. 动手制作手工书，通过个人创意制作手工书，认识，体验装帧技术，可以通过书籍封面，环衬，扉页，目录，版权页，	工艺美术欣赏 1. 选取陶器，青铜器，漆器和瓷器为代表，从工艺制作，艺术特色，文化内涵等方面进行欣赏和探究这些工艺品。通过观察和探究这些工艺美术的材料，造型和装饰，了解中国工艺美术的起源，历史沿革和发展，感受不同时期的艺术风格。	壁画之美 1. 了解敦煌壁画艺术的主要特色，感受敦煌艺术的辉煌。感受敦煌艺术生命力与创造力，提升文物保护意识，形成审美意识。 2. 以绘画形式再现敦煌壁画的不同内容及表现形式的赏析，丰富学生的艺术观念和表现手法。 3. 通过对形式美的赏析，丰富学生的艺术观念和表现手法。

续表

		美的表达	创意实践	审美思辨	综合探索
		中国画中用水、用笔、用墨的方法，表达不同的意境情趣。	页码和书眉、板式设计、文学插图等完成一本书的装帧。	格，领略中国工艺美术的成就。 2. 以博物馆为主体线索，在参观博物馆的过程中，对古代彩陶、青铜、漆器、瓷器开展开互动教学，让学生在观察交流中去探寻工艺美术表象背后的文化。	4. 学生实践，以小组合作的方式呈现，共同探讨对敦煌艺术的传承与发展，并尝试完成一组九色鹿的故事。
九年级	上学期	漫画初探 1. 通过观摩录像、图片等，对动漫作品，特别是具有民族特色的国产动漫作品进行欣赏与讨论。 2. 学习漫画、动画的表现方法，并进行创作练习。比如完成人物肖像漫画，制作手翻书等。 3. 设计动漫作品。为自己喜欢的物品，为学校设计卡通画形象，为学校设计卡通人物形象。	家具设计 1. 通过赏析各种造型、色彩、材料不同的椅子，了解椅子的发展历史，形成实用、美观的设计原则。 2. 利用身边的废旧材料，设计制作模型椅子，并加以装饰。 3. 体悟椅子的舒适、美观、实用，在椅子的历史中体验人类设计的原则，感受设计的乐趣。	诗书画印之"书" 1. 结合校友们的书法作品了解校园中的书法文化。 2. 通过一些不同的书体认识了解相关的书法知识和技能。 3. 探寻书法文化内涵与精神，建立广泛觅书的审美情趣。	舞台设计 1. 结合语文、音乐等课程内容进行美术创作、表演和展示。 2. 根据名家剧本进行化妆表演。 3. 完成表演性游戏：集体排练和演出小剧目。 4. 给一幕戏的角色的排演或设计各种木偶游戏等等。

续表

	美的表达	创意实践	审美思辨	综合探索
下学期	趣味雕刻 1. 水果雕刻。对水果蔬菜材料进行加工,练习学生切刻雕挖的技术,完成一个创意小作品。 2. 粉笔雕刻(同上)。 3. 肥皂雕刻(同上)。 4. 橡皮章。使用小型雕刻刀具在专用于刻章的橡皮砖上进行阴刻或阳刻,制作出可反复盖印的图案。	空间设计 1. 以团队合作的方式,选择某一主题,如校园或小区改造,学校或社区活动等。 2. 调查,了解美术与人类生存环境的关系,依据城镇或乡村的特征,考虑环保、居住、休闲、健身和景观等功能,设计社区未来发展规划蓝图,向社区展示,并接受公众的评估。	建筑艺术 1. 让学生搜集各种建筑艺术的发展风格与时代特点,了解不同种类建筑风格的演变以及代表作品。 2. 在学生了解建筑美学的基础上,尝试让学生用纸盒造一个城堡,一个骑士等,一个村子等。 3. 结合品德与社会,科学等学科内容,设计并制作面校,村庄,公园,游乐场等的地图或模型。	现代技术与媒体 1. 使用摄影机,摄像机等计算机等手段收集素材,利用计算机进行创作和展示活动。为校运动会或文艺活动设计招贴画。 2. 设计与制作互相赠送的礼品,生日卡;设计、制作面具,举行化妆舞会。活动过程中,可以穿插学生对自己和他人所创造的形象的欣赏和评述。 3. 设计、制作面具,海报,服装等的欣赏和评述。

　　基于学科核心素养的美术教学就是要在现实情境中引导学生去发现问题,明确任务,以自主、合作、研究等方式去获取知识技能。将知识技能加以运用来解决问题、完成任务,这是一个基本的教学路径。"学科核心素养"作为一个最为关键的概念,已渗透、融入各学科课程标准修订的全过程中,我校的"宽美术"课程在教学内容结构中大致分为审美、人文、创新三个方面的内容。在教学实施安排上注意联系学生的生活实际,如家庭、学校、社会生活、节日、假日活动等;以及学生的情感、爱好、理想、梦想;依据学生生理、心理发展规律、身心发展水平和绘画表现特征,选择和制定适应学生接受能力的教学内容和要求,我们将从以下四个方面实施"宽美术"课程。

一、 建构"宽课堂",落实学科基础课程

　　"宽课堂"教学过程是一个充满心理活动的过程,是美术学科核心素养的载体。如何提高"宽课堂"的有效性是提高美术学科核心素养的关键,从而使美术教学的效能得以提升,使美术的课堂教学有显著的成效。

(一)"宽课堂"的要义与操作

　　"宽课堂"是一种高效、有序的课堂。在这样的课堂里,学生们都能感受到在"宽美术"课程体系下的饱满的、丰富的、立体的、灵动的课堂。

　　"宽课堂"是饱满丰富的课堂。丰富多彩的美术课堂是由多元素组成的,因地制宜地利用地区资源、结合校园文化,采用多种教学手段等都能够让学生对美术课堂产生浓厚的兴趣,让课堂展现出宽阔性,在"宽课堂"中,教师要尽可能地将各种教学资源有机地融入课堂之中,并以饱满的热情、丰富的教学形式感染学生、启迪学生,使学生积

极地思考问题,踊跃地参与教学活动,使课堂教学内容、课堂活动气氛、课堂参与层次都能充满张力,饱满丰富。

"宽课堂"是立体灵动的课堂。课堂教学的"立体化",主要指在课堂教学中,师生之间的语言呈现出多样性、多层性的特点。通过这样的语言交流、互动,使课堂成为师生共同生活、成长的场所。"立体化"教学语言使得课堂上师生的生存状态也"立体化"了:全方位呈现、全方位参与、全方位互动,这样才能保证课堂教学高质、高效。教师多给学生感悟艺术作品的机会,引导学生展开想象,进行比较。教师不是急于用简单的讲解代替学生的感悟和认识,而是通过比较、讨论等方法,引导学生体验、思考、鉴别、判断,努力提高他们的审美情趣。教师积极为学生创设有利于激发创新精神的学习环境,通过思考、讨论、对话等活动,引导学生在美术创造活动中,创造性地运用美术语言。鼓励学生在实践活动中,开展探究性学习,发表自己独特的见解,让教学方法更具灵动性!

"宽课堂"是宽容缤纷的课堂。学生是学习的主人,学生的生活是丰富多彩的,他们身处的环境是缤纷的,课堂教学就该多一些"宽容",激发学生的学习兴趣,注重培养学生自主学习的意识和习惯,为学生创设良好的自主学习情境,尊重学生的个体差异,鼓励学生选择适合自己的学习方式。采用多种评价方式能够使他们所面对的世界也是丰富多彩的,因而他们对生活的反应是多元的,他们对生活的期待是强烈而又广泛的。有了学生的充分参与,有了学生自我生命的融入,课堂才有可能百花齐放,缤纷多彩,绽放出美术之美,美术之魅。

(二)"宽课堂"的评价标准

设计"宽课堂"的评价标准是以提高课堂效率,面向全体学生;提升美术教学成绩为基本价值取向;以引导教师积极开展美术课堂教学研究,建立科学规范的课堂教学秩序,提高美术课堂教学的效率和效益,促进"宽课堂"全面、深入开展为目标。教师在实施"宽课堂"的过程中,应本着与时俱进的原则,在实践中不断对其进行充实和完善(见表6-3)。

表6-3 "宽课堂"的评价表

评价项目	评价要素	评价结果			
		优	良	一般	较差
教学目标	符合新课程标准,目标切合学生实际,符合化学核心知识、关键能力、科学思维和学科品质的培养要求。				
教学设计	设计结构合理,简洁实用,重点突出,以学生发展为本,联系社会生活实际,发挥学生的自主性,体现"宽课堂"的教学策略。				
教学活动	教师表现: 教学思路清晰,设计富有创意,体现生本意识。				
	教学过程清晰,脉络流畅自然,有利知能建构。				
	教学预设充分,课堂生成精彩,学生参与积极。				
	问题情景真实,注意实验探究,提供多彩环境。				
	资源开发适当,拓展延伸适度,把握"最近发展"。				
	媒体使用适当,突破重点难点,亮点耳目一新。				
	教学机智灵活,点拨引导到位,体现因材施教。				
	教学风格鲜明,个性特点彰显,富有时代气息。				
	尊重学生差异,关注学生情感,体验成功喜悦。				
	联系生活实际,体现学科价值,激发探究兴趣。				
	学生表现: 参与主动积极,有效合作学习,实现层次目标。				
	交往融洽友好,敢于发表见解,课堂氛围和谐。				
	思维科学活跃,贯穿学法指导,学习方式灵活。				
	善于独立思考,实验操作规范,具有探究意识。				
	学习情绪高昂,主动获取新知,求知欲望强烈。				
特色评价	设计符合不同课型的教学活动,体现"宽泛、宽容、宽广、宽阔"的课堂文化,突出"宽课堂"的核心要素,关注"审美思辨、综合探索、视觉表现、创意实践"美术学科核心素养的培养。				
教学效果	学习的主动性充分体现。				
	有效的互动性充分体现。				
	过程的实践性充分体现。				

评价项目	评价要素	评价结果			
		优	良	一般	较差
	知识的理解性充分体现。				
	良好组织性充分体现,美术学科关键能力和学科品质基本得到落实。				
评课意见					

二、 建设"宽课程",丰富美术拓展课程

"宽课程"的建设,是对国家课程的丰富和建构。课程的设置使美术课程具有了多样性和选择性。学生通过选择不同的课程,提升学习美术的兴趣,最终达成提升美术素养的目的。

(一)"宽课程"的建设路径

"宽课程"是以"自主、合作、探究"为核心的,以推进学生高认知水平发展为目标的一种新的课程形态体系。"美术＋X"学科课程群就是以国家教材为基础,加上美术学科的选修课程。具有:综合素养、主题导向、任务驱动、学科整合、资源聚集、跨界学习的特征。

1. 美术与语文课程。美术和语文有着极为紧密和广泛的联系。比如:学校师生以语文教材中的有关课文内容为基础,将其改变成能够通过讲台、教室、操场或舞台表演的相声、小品或小型话剧。编演课本剧是化抽象为形象,化平面为立体,化枯燥为生动,使课堂教学呈现开放性。课本剧的编演步骤:研读课文,确立主题;分解场面,设计背景;确定人物,构思情节;提炼台词,设计动作;配置音乐,设计道具。其中设计道

具、设计人物服装就涉及美术课程,学生需通过将两者相结合、相匹配共同完成课本剧。

2. 美术与音乐课程。绘画与诗歌、音乐都是表达情感的艺术,它们以特有的语言倾诉着人类丰富的情感,具有较强的感染力。诗歌、音乐就是流动的画面,让我们用心感悟;让绚烂的画笔吟咏那一首首熟悉的旋律;让变幻无穷的色彩线条成为跳跃的音符。教师主要是通过体验探讨研究绘画与诗歌、绘画与音乐等学科之间的共通及联系,并能运用通感的手法,以熟悉的韵律,流动的音符为学生打开创造之门,培养创新综合能力。

3. 美术与地理课程。不同的地理环境孕育着不同的艺术文化,在我们祖国广阔的土地上,每一处都有艺术家留下的足迹。以敦煌壁画为例:小组分工合作,尝试完成一组九色鹿故事。或者结合地理学科并以图表的形式,规划"敦煌艺术之旅"的社会实践行程,查找去敦煌的交通路线和交通工具,并尝试完成手绘旅游地图。

4. 美术与生物课程。在美术课程的综合探讨道路上,不同学科的老师从学科角度设计内容,并进行有机融合。比如:完成《叶脉书签》的制作,沿着叶脉方向刷,力度适中,用流水冲洗,叶片粘连可放入水中展开,可用牙刷毛拍打叶肉后刷或冲洗……过程中不直接讲授方法,鼓励思考、互相帮助、尝试不同方法。让同学们在动手的同时积极动脑。同学们把处理好的叶脉用纸吸干后,根据自己组的设计来对叶脉进行美化处理。后期制作和美化可由专业的美术老师进行指导和讲解。在生物课程中培养学生的美术创新意识和想象能力,倡导生物与艺术的融合。

(二)"宽课程"的评价要求

"宽课程"以聚焦学习、通过实践导向,逻辑构建"美术＋X"学科融合的美术课程,更是以探索多学科整合、资源聚焦的综合学科课程。完成一系列"宽课程"学科的评价标准,开发出更优质、更具推广性的微课程,让触点变革在学校不仅生根发芽,最终还能开花、结果(见表6-4)。

表6-4　"宽课程"学科评价标准

项目		评分细则	分值	评价结果	
				自评	他评
"宽课程"学科的实施前提	宽课程的理念	（1）符合时代和社会发展要求； （2）遵循学科发展的内在逻辑； （3）遵循教育发展的客观规律,与基础教育的目的、功能相吻合； （4）满足学生的发展需求、符合学生的个性发展要求。	10分		
	宽课程的实际可操作性	（1）切合学校已有的学科传统,如学科基础、学科课程体系、学科教学改革经验、教师的教学特色与教学专长、学生的学科学习情况等； （2）符合学校资源配置的实际情况,从学校的实际问题出发,结合学校教学改革的需要,对学校现有的学科资源和能够提供的条件进行全方位梳理,对学科的优势和劣势、面临的主要矛盾和问题有一个清醒的认识； （3）提出具有明确目标、符合学校发展水平的可持续发展的学科发展规划。	10分		
"宽课程"学科的建设	宽课程课程的定义	有完整的学科课程体系以及多样化的学科课程;形成以学科为核心的、围绕与其密切相关的学科领域,相互渗透、相互交叉、相互支持、互相依托的学科课程群。	10分		
	宽课程学科团队	建设一支团结合作、富有活力、乐于奉献、勇于创新,且知识结构、年龄结构、专业结构、学历层次等都合理的学科梯队;拥有在本学科治学严谨、教学和科研成绩显著、有一定影响力的学科带头人;还要有一批教学水平较高,科研能力较强,在学科梯队中承前启后的学科骨干。	10分		
	宽课程学科教学	在一门或多门学科上,形成具有本校特色的学科教学方法和经验;教师建构个性鲜明的课堂教学,在教学思想、教学方式和教学技巧等方面形成具有个性特征的教学特色;具有完善的学科教研制度:如集体备课制度、听课制度、评课制度、质量监测制度、小课题研究制度、核心课题集体攻关制度、教改实验制度等。	15分		
	宽课程学科学习	学生对学习具有浓厚的兴趣和主动学习的意愿;学生树立正确的学习观念,养成良好的学习习惯,掌握有效的学习方法,学习素养获得提升;在学科教学质量方面,获得优秀的成果,产生积极的作用。	10分		

项目	评分细则	分值	评价结果	
			自评	他评
"宽课程"学科的影响力	取得一定理论与实践经验,获得良好的社会声誉;得到学生、教师、家长的认可与支持;宽美术建设形成的经验具有一定的推广性,成为其他学校借鉴的对象。	5分		
学生的全面发展	学生发展的精神面貌良好,学习的主动性表现充分;学生对某一学科领域保持长期的关注,形成水平较高的特长生群体;学生参与的范围比较广,获得丰富的学习成果。	10分		
美术教师的专业成长	教师对学科教学与教育科研具有信心,教师的自我效能感得到增强;教师形成自己的教学特色和教学方法,教学水平、科研能力、课程开发能力等得到提升。	10分		
"宽课程"教育科研成果	开展与宽美术相关的课题研究;取得反映研究质量的科研成果,如开发出有特色的学科教材,发表关于特色学科建设的文章、出版的著作等。	10分		

三、 创设"宽社团",发展兴趣爱好课程

美术课程的目的,不是为培养美术专门人才,而是为了对所有的学生进行学科等相关知识的教育,丰富美术知识,增强审美情趣,提高人文素养。但是,也不排斥在其中会发现有美术天赋或是对美术有强烈兴趣的学生。由于课堂教学的时间有限,内容繁杂,班组人数较多,所以利用课外活动时间开展兴趣小组活动,既可以对一组学生进行集中辅导,又能针对每个学生的具体情况进行单独引导。我校美术课程结合多种艺术门类,以及地方、校园文化进行了社团课程分类。使学生除课堂教学外,还可以根据自身发展与特殊才能培养的需要选择适合自己的课程。

(一)"宽社团"的主要活动

菁园是一个有着悠久文化历史的百年老校,漫步校园,仿佛穿梭在历史的文化长廊之中。古朴优雅的园林布景、承载着 130 多年深厚文化的老校门、学校奠基人左宗

棠铜像、学校最具有历史价值的碑廊书法碑刻等无一不在传达着美的信息,激发着学子们的创造之心,因此"宽社团"主要围绕校园文化展开了一系列活动。

活动1:菁园风景建筑写生与创作:(1)鼓励学生以写生和记忆的方式描绘校园和家乡美景;(2)学习用速写的方式记录和表现建筑速写中虚实、节奏的表现技法;(3)鼓励学生深入生活,观察社会,关注古建筑,增强历史感与文明感。

活动2:乡土泥塑:(1)让学生完成菁园雕塑的欣赏,参观校园雕塑,并按照圆雕、浮雕、透雕进行归类整理,找出雕塑的不同表现形式与手法;(2)鼓励学生多参与乡土文化的研究,走访专家和民间艺人,调查本地文化遗产、传统艺术;(3)用泥塑的形式创作,通过对古建筑、古民居写生,了解民俗风情活动。

活动3:菁园书法:(1)结合校友的书法作品了解校园中的书法文化;(2)通过一些不同的书法体式了解相关的书法知识和技能;(3)探寻书法文化内涵与精神,建立宽泛的审美情趣。

(二) 宽社团评价要求

为强化竞争意识和创新意识,激励各社团积极地开展活动,促进各社团的全面健康发展,制定"宽美术"社团活动评分表,促使社团建设向更高层次发展。本细则将对社团的各项活动和日常工作进行量化,实行打分制,以此作为社团奖惩的依据(见表6-5)。

表6-5　"宽美术"社团活动评分表

主办社团:　　　　　　　　　　活动时间:
活动地点:　　　　　　　　　　活动形式:

项目	评分意见	分数
活动主题(10分)	主题鲜明(4分); 有针对性、创新性和时代感(3分); 贴近同学们的生活(3分)。	
活动内容(20分)	内容丰富,积极向上,切合协会特色(8分); 体现当代学生特点,紧跟时代步伐,展现学生的良好精神风貌(5分); 专业特色与高雅文化相结合,形式新颖,具有实际性(7分)。	

项目	评分意见	分数
活动宣传(10分)	活动前宣传到位、宣传形式新颖(3分); 活动时宣传效果显著(3分); 活动后有相关的总结报道(4分); 整个宣传工作没有违反学校、社联的有关规定(每违反一项扣1分)。	
现场组织(15分)	现场布置与活动主题、活动内容相协调(5分); 活动流程明确,现场秩序井然(5分); 组织者能灵活应变突发状况,确保活动顺利进行(5分)。	
会员参与度(10分)	按百分比计算,即参加活动的会员人数占总会员人数的百分比(10分)。	
现场清洁(5分)	时刻保持会场清洁(5分)。	
活动效果(20分)	活动能够展现社团魅力,体现社团特色(8分); 能够充分调动参与者的积极性和创造性,开拓同学们的视野,丰富同学们的课余生活,活跃校园文化(6分); 有较大影响力,得到师生们等的大力支持(6分)。	
总评		
宝贵意见	活动特色	
	改善建议	
备注		

评分员: 评分日期:

四、 创设"宽空间",做活环境隐性课程

美,愉悦身心,能唤醒人的理性、净化人的心灵、促进人身心和谐。创造美的环境,营造美的氛围,以美育人,已成现在教育追求的最高境界。做活环境隐性课程,也是

"宽美术"在空间上的完美呈现！

(一)"宽空间"的课程指向

校园美术文化是学校长期以来形成的特定的精神追求和文化气氛。它包括：教室文化建设、廊道建设、广场建设。健康的校园文化，可以陶冶学生的情操、启迪学生心智，促进学生的全面发展。

1."最美教室"建设

班级文化是班级的一种风尚、一种文化传统、一种行为方式，它自觉或不自觉地通过一定的形式融汇到班级集体同学的学习、生活等各个方面，形成一种良好的自觉的行为习惯，潜移默化地影响着学生的行为。

(1)"最美教室"评比要义与操作。班级文化建设活动，围绕"菁美教育"，引导学生去欣赏美、营造美、践行美、创造美。根据每个班的班情，以"静美"、"净美"、"景美"、"行美"、"礼美"、"德美"等等不同主题，制定不同的班级文化理念，体现出个性化、人性化、情感化的特征。要求教室整体设计有创意，能反映班级精神与班级文化特点；教室的地面、窗台、墙面、讲台、课桌干净清洁；教室墙面功能分区明确，用料美观，简洁大方，内容充实；摆放适当数量的绿色植物，造型美观且分布合理。树立健康、文明、积极进取的班风，从而形成良好的校风，让我们的班级具有特色、书香氛围浓厚、环境优美整洁、富有激励性，使学生的综合能力得到提升。

(2)教室文化氛围布置。班级文化布置评比表要求完成整体环境、图书角、团队角、班级文化、黑板报、公告栏、学科园地、室外等的布置。能达到主题鲜明，书写规范漂亮、图案精美、设计优化、图文并茂，具有较强的教育性和欣赏性；设计新颖，有创意，布置美观、精致，内容具有时效性；作品展示应面向全体学生，使人人都有展示的机会。(可以是学生才艺展示园地、读书及写作园地、绘画作品展、书法展、学生荣誉展示栏等)。(见表6-6)

2."最美廊道"建设

校园文化活动主要包括：标语、墙报宣传、橱窗布置、展览布置、会议布置等。在这类活动中，充分发挥学生的主动积极性，让学生唱主角，教师指导学生如何运用学到的知识去做得更好。

表6-6 "最美教室"——班级文化布置评比表

年级_____ 班级_____

评价项目	评价要素	评价结果			
		优	良	一般	较差
整体环境	1. 整体环境干净整洁、卫生无死角。 2. 课桌排列有序。 3. 班级绿化布局合理,有日常维护保养。				
图书角	图书角的书本摆放整齐。				
团队角	团队角内容丰富、设计美观大方,能体现班级文化。				
班级文化					
黑板报	主题鲜明,书写规范漂亮、图案精美、设计优化、图文并茂,具有较强的教育性和欣赏性。				
公告栏	公告栏、学习园地能激发学生的学习兴趣、提高学生的学习动力。				
学科园地					
室外	不乱堆放物品,室外无垃圾。				
总分					

3. "最美广场"建设

美化活动的内容包括室内和室外两方面,室内主要有学生居室与班级室内两方面的美化装饰,室外的主要是校园文化环境的美化。

五、 创设"宽美术节",陶冶学生性情

校园有了文化,底蕴才会更加深厚;校园有了艺术,精神才会更加灵动。创设"宽美术节"能够繁荣校园文化、倡导精神文明,进一步贯彻学校"向着美的方向奔跑"的育人理念和"在美的体验中自主成长"的课程理念,践行中国学生发展核心素养,不断积淀学校深厚的校园文化底蕴,激发学生对中国传统文化和民族艺术的兴趣爱好,丰富学生的知识,培养和提高学生欣赏美、创造美的能力。

(一)"宽美术节"的要义与主要活动

在"大美菁园、艺术创新"主题教育活动的大背景之下,我校开展了一系列美术节相关活动,尽可能为每个同学创造条件,让每个同学得到可持续的发展,引导同学们观察美、体验美、表现美、创造美,培养审美情趣和审美能力。

1. 宽艺术节开展流程:在宽艺术节开展之前,确定活动时间、地点;主持人介绍领导老师并讲解本次活动举办的目的、意义;邀请优秀学生代表发言;请老师介绍美术节活动安排;由校领导宣布美术节开幕。

2. "宽艺术节"的具体内容有:(1)绘画类内容要求:国画(命题创作)、西画(景物写生)、漫画(命题创作)。主题明确,表现自由生动,能准确地运用各类美术语言;景物写生(室外景物)、速写、素描、色彩、版画等表现形式不限,内容不限,大至风景、小至一个物件等,要求能准确把握客观对象整体特征,有一定的表现力。(2)书法类内容要求:软笔书法写于宣纸,尺寸为4尺或3尺对开,内容为健康向上的诗词、警句、格言,不要标点,要求落款。硬笔书法写于田字格书法纸上,内容为健康向上的诗词、警句、格言,不要标点,要求落款。(3)手工类参赛内容要求:手工制作(命题创作),利用日常生活中最常见的报纸、易拉罐、纸盒等为手工材料,以简单的裁剪、折叠、粘贴为辅助手段,自行发挥,大胆创新,主旨鲜明,并具有时代性、知识性、趣味性、教育性。

3. "宽美术节"的总评价要求:(1)一等奖:作品内容要求积极、健康、向上,能够反映青少年蓬勃向上的精神风貌、丰富多彩的创意和良好的文化素养;画面结构比例恰当准确、构图合理;主题明确,中心内容突出;画面整洁,有层次感。(2)二等奖:能够按照主题要求进行创作,运用恰当的表现方式,体现出良好的技能水平。画面结构比例恰当准确、构图合理;主题明确,画面整洁,有层次感。(3)三等奖:能够按照主题要求进行创作,运用恰当的表现方式,有一定的技能水平。画面结构比例恰当准确、构图合理、画面整洁。

筹备启动"宽艺术节"工作是为了回顾社团历史,展现社团发展成就,展望美好的未来,扩大知名度,凝聚各方力量,推动学校社团全面、快速发展。通过本次"宽艺术节"活动,向社会各界传达本校社团的发展历程、取得的成绩,扩大学校在社会的影响力,提高社会的认识度与美誉度。

第六部分　学科课程管理

一、 思想引领

我校美术课程结合现状，围绕课标中"造型、设计、欣赏、综合"四个纬度，总结出美术学科的视觉性、人文性、愉悦性、实践性，提出"宽美术"的核心理念。

1. 编辑《"宽美术"10 条》。编辑"宽美术"10 条作为学科课程建设指导意见。

2. 搭建"宽美术"论坛。通过学校互联网平台，校园网、微信等，宣传教师的业务成长，可以通过教师与学校之间的互动式积累，实时进行总结归纳，学校有计划、有目的地进行展示和共享。梳理美术教师的成功经验，确立专业发展"支撑点"。

3. 召开"宽美术"年会。更新思想，创新模式，举办区域合作论坛如"专家与美术"、"名师与美术"、"美术公开课"等系列活动，邀请高校美术专家学者、省市美术学科名师、优秀毕业生来校参与活动，分享智慧。通过这些活动，力求使我校美术组老师"视野有宽度，思想有深度，理论有高度"。

学校应多为教师搭台和开放课堂，使教师有更多机会展示、观摩和学习，并积极参加各级评优课、基本功竞赛、学科课题研究等。学校鼓励教师进行业务进修，多渠道地为教师提高学历层次和业务水平创造条件，组织外出参观学习，培训学习更多的是理念的引领和专业视野的开阔。

二、 组织建设

美术教研组共同研究探讨形成了相应的教学资源，用于日常教学。每学年组织一些研究课，校区间资源共享，研讨氛围浓厚。

1. 通过校本研修，充分学习和理解学生核心素养和美术学科素养的关系，落实到学科教学实践中，做学习型、思考型教师。

2. 通过课例研究,优化课堂教学策略,采用情境化的教学方式和数字化的技术支持,促进美术课堂教学的丰富和优质。

3. 通过培训和反思,及时总结和归纳,梳理并提炼教学经验,形成教师个体的独特的教学智慧,从而力争形成教师个体和教研组整体的教学风格。

三、 制度建构

1. 学科建设制度。课程开发精品化。美术教研组负责学科课程的开发、管理、实施和学业评价。根据不同教师的个性特点和兴趣特长,学生的培养目标,同时兼顾地方学科特色资源,开发适合于校情和学情的艺术学科课程。原则上每位教师负责1门拓展或活动课程的开发,并作为教师专业发展和考核的重要依据。

2. 校本化建构制度。教研组以校本研修为平台,立足课堂教学改革,加强教育科研,积极探索高效的课堂教学策略,不断提高教育教学质量。以课例研究为载体,以学习、实践、反思、再实践为主要形式,加强课堂教学改革,不断增强教研组主动发展意识,逐步提升教研品质和教师专业化水平,形成具有学科特色的校本研修方式。

四、 评价导航

我们积极倡导评价目标多元化和评价方式的多样化,坚持终结性评价与过程性评价相结合、定性评价与定量评价相结合、学生自评互评与他人评价相结合,努力将评价贯穿于美术学习的全过程。

美术课程的评价应促进学生学科核心素养和教师的教学水平发展。了解学生需求,发现学生潜能。鼓励学生发展自己的特长和爱好,发展个性,同时看到自己的长处和不足,增强学习美术课程的自信,形成生动、活泼、开放的教育氛围。

1. 活动表现评价是一种值得倡导的评价方式。这种评价是在学生完成一系列任务(如实验、辩论、调查、设计等)的过程中进行的,评价的内容既包括学生的活动过程又包括学生的活动结果。它通过观察、记录和分析学生在各项学习活动中的表现,对学生的参与意识、合作精神、实验操作技能、探究能力、分析问题的思路、知识的理解和应用水平以及表达交流技能等进行评价。例如"风景写生"、"风景创作"、"菁园雕塑欣赏"、"研究书法大家字体风格"的学习评价应在实验过程中进行,从创作设计、创作过程、创作作品成果、交流讨论、合作意识以及实验态度等方面予以考察。

2. 作品展示评价。美国心理学家詹姆斯说:"人最本质的需要是渴望被肯定。"学生的作业受到教师称赞或者作为作品展示给大家看,他们的心情是无比兴奋的,这将成为巨大的推动力,促使他们以更大的热情投入到下一次的学习活动中去。一个课堂都有四五十个学生,不可能把作品都拿出来欣赏。于是我校根据不同的教学内容经常把学生的单个作品放在一起进行展示,使学生从中感受到创作或成功的喜悦。

五、 课题研究

申报"宽美术"研究课题。以课程开发为契机,积极申报省市级研究课题,或者设立一些子课题进行相关研究。

要求每位教师从自己的教学主张出发,分别从学法指导、课堂有效教学策略等不同角度确立自己的小课题研究,学会适时地将课题研究成果运用于教育教学实践中,学会利用各种课题研究成果来促进自己的教学手段、教学模式和教学方法等的变革。组内的每位教师努力以课题研究为载体,加强科研能力的培养,转变教学观念。

（蒋志美　刘珂彤）

第七章

学科课程群的管理保障

　　细致、周密、严谨的学科课程管理是学科课程建设成功的根本保证。学科课程的建设不是自说自话的空中阁楼,学科课程建设是落地生根的常青树,是根植于学科教育实际的具体实践,是经得起时间考验的。学科课程管理要进行多角度、多维度、多层次、全方位的管理和服务:坚持学科课程理念的指导性原则;坚持团队在学科课程管理中的主体性;坚持制度建构在学科课程管理的核心地位;坚持教研聚焦在学科课程中的深度管理;坚持评价导航在学校课程管理的支架作用以及建立多样化的服务系统为教师创造性地实施课程搭建平台。

学科课程管理是在一定条件下,有领导、有计划、有组织地协调人、物与学科课程的关系,它是由具有丰富学科课程管理经验的团队,运用各种科学方法指导学科课程建设与控制实施的活动。学科课程管理贯穿于整个课程建设与实施中,从整体上宏观把控课程编制、实施、评价等工作的组织与实施,从微观上规范、细化课程标准实施要求,落实课程目标,提高工作效率,激活教师在课程建设中的主体活力,开发学科课程,形成课程特色,丰富学科课程体系。

学科课程目标的实现,是教育目标、课程标准、教学内容、教学活动方式的规范和设计等诸多方面实施过程的综合。因此,为规范学科课程信息、规范学科课程实施要求和目标,促进学科课程内容、学科课程体系改革有序开展,提高学科课程建设质量,我们可以从价值引领、队伍建设、制度建构、教研聚焦、评价导航等方面进行细化,使学科课程管理有据可依、有章可循。学校课程管理主要有以下方式:

第一,价值引领是学校课程管理的灵魂。 学科课程价值理念是学科课程的核心思想,是学科课程的灵魂,在学科课程建设和实施中,学科课程价值理念指引着课程的发展前进方向,是课程开发和实施的风向标,是学科课程核心理念与文化精神的凝练。有怎样的价值理念就有怎样的课程,因此学科课程管理中价值引领是首位的,要通过价值引领来规范学科课程建设和实施。

学科课程价值的确立要结合国家课程教育方针、学校育人目标、课程标准以及学生实际需求。首先,学科课程价值理念要结合国家教育政策方针和学校教育理念确定本学科课程的发展方向。其次,根据学科课程标准、学科特色厘清国家课程与本学科课程的联系和区别,明确本学科课程特色。最后,结合学生实际情况和发展需要,满足学生的个性化学习需求,发展学生的个性特长,培养学生的创新精神和实践能力,为学生全面发展创造条件,制定学生发展目标,凸显课程育人目标和育人理念。因此,在学科课程管理中,首先要明确学科课程价值理念领导,以该学科课程核心理念统领课程的开发和实施。

第二,团队建设是学校课程管理的主体。 学科课程建设需要一支强有力的队伍,教师的专业发展水平直接决定了该学科课程的建设质量和实施效果。首先建立学科教研组,组建核心团队。一是明确核心团队成员的分工和职责;二是核心团队对课程哲学、课程规划、课程理念、课程模式、课程目标、课程体系、课程实施和评价、课程管理进行顶层设计,并对课程的开发、实施等进行监督、评定、指导。其次全方位、多途径、重实效地培养教研组组员的个体专业能力,提升课程组整体的实力。由于教师个体间的差异,给教师搭建学习平台,提供多种学习机会和途径。从理论到实践,让教师掌握一定的课程理论,拓宽教师的知识面,为课程的开发提供知识和智力支持。

第三,制度建构是学校课程管理的核心。　为保证本学科课程建设和实施扎实有效地开展,需建立相关制度,用制度来规范操作,用制度来加强管理,明确在课程建设和实施过程中的具体要求,特别是具体工作中的落实情况,对学科课程的开发、实施等实现有效监督和管理。制度建构主要从课程的开发、常规管理和培育三方面进行。一是课程开发制度。建立课程审议制度,明确新开课程的申报材料要求和申报流程,明确领导小组的评估审议职责。二是课程常规管理制度。学科课程教学的管理是课程教学的落实保障,因此,要将课程教学常规管理细致化、条例化、规范化,要对课程教学的具体实践环节提出明确的要求,具体包括:备课的管理,要有明确的教学计划、工作安排和备课要求;上课的管理,对课程教学的模式、课程教学的环节、课程教学的效果等要有具体的要求;作业的管理,考虑作业布置的形式、内容的合理性,对作业批改有明确的要求;辅导与反馈的管理,从学生的实际需要制定相应的辅导策略;课堂评价的管理,要注重过程性评价,采用多元的评价方式激发学生的非智力因素。在常规管理中,还要注重过程性资料管理,对课程教学中的教学计划、教案、教学工作手册、听课记录、教研活动记录、教学总结等材料,要及时整理、归档。三是课程培育制度。建立课程汇报制度,通过课程汇报进行交流,选出优秀课程进行培育,组织专家帮助课程负责人优化课程内容和实施方案,进行精致设计、精细管理、精心培育,进行精品课程建设。

第四,教研聚焦是学校课程管理的细胞。　在学科课程管理中,教研聚焦是全员参与式的课程深度管理,不仅是全员参与课程教学内容的研讨,发挥集体的力量和智慧有效地解决课程建设中的问题;更是通过教研规划进行有主题、有目标、有方法、有生长的教研活动,推进学科课程建设,使课程建设向纵深发展。具体分为三个层次:一是实时教研,对课程教学实践中遇到的问题,集体研讨,寻找解决问题的思路和方法;二是主题研讨,将课程教学中遇到的问题进行归类,提炼主题进行研讨,对课程教学问题解决形成共识,寻找解决的策略;三是课题引领,将课程教学中的问题上升为课题,通过课题对问题进行有系统、有计划地研究,对课程进行多角度、全方位的研究,形成课程实践的理论总结,进一步指导课程的开发和实施。当然,对于课程教研也不要拘泥于计划的定点定时,还可以借助网络进行即时通信,对课程实施过程中遇到的问题进行即时教研,比如 QQ 群、微信群等。

第五,评价导航是学校课程管理的支架。 评价在学科课程教学中非常重要,评价方面要突破传统的评价模式,不能单纯地定性好坏之分,要注重过程性评价和诊断性评价相结合,评价内容要多维化;要通过评价,使学生在学习中不断体验进步与成功、认识自我、建立自信、促进学生综合运用的能力。一是学生方面,注重检测学生在知识与技能、过程与方法、情感态度与价值观三个维度的整体发展水平,注重学生的体验和经历,强调学生创新精神和实践能力的形成和表现。努力改革评价方法,改变将考试作为唯一的课程评价手段和过分注重分数、等级的做法,采用开放的评价方式,对学生发展的过程和结果进行综合评价,比如运用行为观察、情景测验、学生成长记录等多种方法。二是教师方面,对教师的职业道德、课程开发和实施能力、教学研究能力等方面进行全方位的评价,在严格规范的基础上,鼓励教师积极进行各种适合于学生发展的课程改革与创新。

此外,作为学科课程管理而言,要采取各种措施,通过多种途径,帮助教师积极选择、优化、利用和开发校内外各类课程资源,建立多渠道、多样化的课程资源系统和课程资源库,提供一定的资金支持,为教师的课程开发提供条件,为教师创造性地实施课程搭建平台。

(蒋守胜)

| 范例 |

指尖课堂：保障扎根落地的学科课程群设计

江苏省南菁高级中学实验学校信息技术学科组目前共有 5 人,职称有高级教师 2 人,一级教师 2 人,二级教师 1 人。组内教师都是本科以上学历,硕士学位 2 人,获得学科荣誉有无锡市教学能手 1 人,江阴市教学能手 1 人,江阴市教学新秀 1 人,年龄结构合理,学术专业,具有求真务实、开拓创新的良好发展形势。在教学工作中,因材施教,乐教善导,探索新课改新实践;在电教维护工作中,一丝不苟,恪尽职守,开拓教育现代化工程。信息技术学科组在校级领导的关怀下,虽没有惊天动地、炫目耀眼的业绩,却始终团结奋斗、无私奉献。现根据教育部《关于全面深化课程改革落实立德树人根本任务的意见》《江苏省义务教育信息技术课程纲要(2017 年修订)》等文件精神,特制定我校信息技术学科课程群建设方案。

第一部分　学科课程背景

一、 政策背景

信息技术学科课程是国家意志和社会主义核心价值观在基础教育领域的直接体现,承载着教育思想,规定了教育目标和教育内容,在立德树人、人才培养中发挥着核心作用。信息技术的飞速发展,重塑了人们沟通交流的时空观念,不断改变人们的思维与交往模式,为当代社会注入了新的思想与文化内涵。课程正处于信息爆炸时代,信息来源渠道方式不断变化,获取学科知识和技术应用也随之变化,在这样的背景下,学科课程能灵活地扩大学生的信息量,尤其是"互联网＋"的支撑,能较好地教给学生很多内容,同时也能很好地培养学生的动手操作能力以及学生的创新能力。

在课程改革的背景下,构建理念新颖、结构合理、内容适当、切实可行的中学信息技术课程新体系,既是深入推进素质教育、努力实现教育基本现代化的需要,也是贯彻落实国家科技发展战略、努力提高公民科学技术水平、增强国家自主创新能力、建设创新型国家的需要。

二、学校背景

我校是一所历久弥新的江阴名校,"久"是指学校创建于 1882 年的"南菁书院",取朱熹名言"南方之学,得其菁华"中的两字"南菁",学校历经百年沧桑,孕育无数英才,积淀浓厚文化底蕴,培育具有南菁气质的学子。"新"是指 2013 年初高中分离,创建独立学校"江苏省南菁高级中学实验学校","南菁"两字得以传承,初中设于老校园,历史文化和崭新风貌相呼应,学校得以生机勃发,再创辉煌,引领江阴教育更上新台阶。

学校提出"向着美的方向奔跑"的办学理念、"在美的体验中自主成长"的课程理念和"培养积正学、得正识、有实心、行实事的未来强者"的育人目标,依托校园浓厚的文化底蕴开展新一轮课堂教学改革,积极探索教学行为方式,创设丰富的课程体系,形成"自主为先,学科培优,审美见长,国际融合"的办学特色。一个人的认识过程首先需要外部刺激,我们要充分发挥学科课程优势提供多样化的外部刺激,为学生提供多样化的情境,进一步优化信息技术教学过程,使教学内容富有结构化、动态化、形象化等等,有利于提高我们初中学生对周围世界的认识和理解,也有利于学生的创新思维、创新能力的培养。在学校的学科课程实施过程中,以学生为主体,倡导开放式、多元化的教学观念,尊重学生个体差异,树立教育公平化的观念;充分了解学生的好奇心,以学生的好奇心为切入点,激发学生学习的主动性;充分相信学生创造潜能,培养和激发学生创新思维的观念;全面贯彻素质教育理念,树立科学创新精神。

信息技术课程在七年级和八年级主要学习必修内容,九年级主要学习选修内容。必修内容在八年级学期末参加无锡市信息技术学业水平测试,分合格、不合格和优秀三个等级,选修内容贯穿七、八、九三个年级,以教师引导,学生个性化自主探究学习,教师综合评价来实现。学校开展以"以课本促基础,以兴趣促发展,以校本促创新"的学科教学大讨论和大改进,并逐渐形成和完善南菁实验学校信息技术学科课程群建设。

第二部分　学科课程理念

一、 学科性质观

《江苏省义务教育信息技术课程纲要（2017 年修订）》明确指出：初中阶段信息技术课程是一门以培养学生的信息素养为总目标的必修课程，旨在提升公民的信息素养，增强个体在信息社会的适应力与创造力，对个人发展、国力增强、社会变革有着十分重大的意义。

1. 基础性。义务教育信息技术课程的基础性主要体现在两个方面：一是信息技术课程以培养学生的信息素养为目标，具有文化教育意义；二是在面向实际应用的过程中，要求学生掌握信息技术的基础知识与基本技能，为培养能适应信息社会发展的创造性人才打下基础。

2. 工具性。义务教育信息技术课程具有较为突出的操作性和工具性，旨在使学生掌握常用的信息技术工具，在体验的基础上提高对不同操作系统及应用系统的适应力，适当关注前沿技术，如人工智能技术、机器人技术及物联网技术，提升运用信息技术解决实际问题的能力。

3. 实践性。义务教育信息技术课程具有较强的实践性。强调引导学生亲历完整的实践过程，注重课程内容的综合性，超越封闭的单一学科知识体系和固定的课堂教学时空局限，将信息技术与其他学科课程融合起来，面向学生的生活世界，帮助学生建构对世界的完整认识。

4. 发展性。义务教育信息技术课程以学生的全面发展为出发点，关注学生学习，以学生的体验、理解、决策、评价等认知活动为基础，在数字化学习与创新实践过程中，逐步培养学生的计算思维，培育信息意识与信息社会责任感，提升学生交流与合作的能力、解决问题的能力、创新思维的能力，形成精益求精的工匠精神。

总之，信息技术课程的开设，培养新一代公民的信息素养，提升个体在信息社会的适应力与创造力,是基础教育的重要任务之一。

二、 学科课程理念

信息技术课程可以通过普通计算机的键盘、鼠标、手写笔等外部设备输入信息,也可用掌上电脑、手机、移动终端等硬件设备处理信息,更广泛使用新技术新手段来适应数字时代的发展,所有的操作实践都离不开手指的灵活应用。因此,我校信息技术学科课程理念是:指尖课堂。

我们努力"让指尖飞舞起来,让指尖引领未来"。在我们看来,"让指尖飞舞起来"是立足于课程的现实目标。目前,指尖是处理信息的主要方式,指尖活动更活跃频繁,而处理信息的能力会大大增加,实践活动才能变得更加新颖多姿。"让指尖引领未来"是展望于课程的未来目标。当前,信息技术日新月异,新技术推陈出新,物联网、人工智能、虚拟现实、全息投影、大数据、云计算等高科技需要创新的理念、强大的智慧和敏捷的速度,将高科技融入应用领域通过指尖活动来引领未来。

(一)"指尖课堂"是从个体走向社会的课堂

"指尖课堂"是遵循数字化环境发展需要和学生认知特征,满足学生个性化发展需求的课程。课程既坚持学生对信息技术基础知识、基本能力的掌握,也强调使学生在学习过程中形成信息意识,感悟信息文化,内化情感态度与价值观。一方面应注重学生对信息及信息技术基础知识、基本技能的主动建构,注重学科思维品质的培育,养成良好的数字化学习与创新的行为习惯;另一方面,应注重学生对信息社会道德、信息文化的感悟与内化,引导他们形成积极的信息社会责任意识,养成利用信息技术和网络技术进行学习的良好行为习惯,独立的信息公民的素养。信息技术的应用使学生从学校的学习者走向社会的实践者,引领信息社会的潮流,遵循社会的良性发展。

(二)"指尖课堂"是从当下走向未来的课堂

"指尖课堂"是为了适应新时代发展要求,培养学生创新能力、走向未来的学习课堂,信息素养是当今社会每个公民必备的基本素养,因为信息时代瞬息万变,技术日新月异,信息技术的应用发展到各行各业,走进个人的日常生活。只有不断更新思维,适应信息时代的节奏,才能更好地发展和前行。义务教育信息技术课程为每一个学生获得接受信息技术教育的权利提供机会和条件,对公民信息素养的提升具有重大意义。坚持立德树人的课程价值观,培养基本的信息素养,课程以信息素养的培养为核心,面向全体学生个性化综合发展,从义务教育的特点出发,引导学生学会有效地运用技术,创新技术设计,认识技术利弊,为学生学会学习、健康生活与终身发展奠定坚实基础。

(三)"指尖课堂"是从实践走向能力的课堂

"指尖课堂"是以学生为中心,充分挖掘校本资源、乡土资源和社会资源,理论联系实际,从实践体现能力的平台。教师要使用多元的教学策略,为学生创设真实问题和情境,在运用信息技术工具解决具体的生活和学习问题的过程中,逐步引导学生掌握基本技术,使用与创新技术,形成运用技术的责任意识。信息技术的学习可以采取项目引导、任务驱动、主题活动等形式,选取体验学习、模仿学习、游戏学习、探究学习、实验学习、设计学习、问题解决学习等方式,进行个人的、小组的以及多种形式相互融合的学习活动。学习过程应该成为学生充满快乐体验、充满探究挑战的经历,促进学生信息素养的提升,拓展学生个性化的成长,增加学生适应信息时代的能力。

(四)"指尖课堂"是从应用走向创造的课堂

"指尖课堂"是具有创造性的学科,本质是在应用中改进,在应用中创造的改变。教学中需要大量现实的学习实践活动,这些活动的设计与实施都需要学生来思考和解决问题,有时解决的途径有多种形式和方式,需要留出许多的空间来让学生探索和创造。而活动内容往往是丰富多彩的,活动形式也是灵活多样的,学习模式也是多姿多彩的,学习结果也是精彩纷呈的,能为学生提供多样化的情境,进一步优化信息技术教学过程。使教学内容富有结构化、动态化、形象化等等,有利于提高我们初中学生对周围世界的认识和理解,也有利于学生的创造能力的培养。

"指尖课堂"是从融合走向创新的课堂。"指尖课堂"既向学生传授必要的信息技术基础知识,以帮助学生形成与信息素养内在要求相一致的知识与技能结构,感悟信息技术学科方法与学科思想;又体现时代性,嵌入学生已有的认知和经历的社会生活,应当充分利用学生生活中的资源、题材和范例来组织学生的信息技术学习活动,培养学生运用信息技术解决生活中问题的意识与能力。"指尖课堂"应充分发挥信息技术本身的优势,拓展学生的视野和活动范围,参与信息化社会活动,与多学科交叉体验,了解与体验时代信息技术发展的最新成果。社会各行各业已有先进的技术与信息技术融合在一起,开辟出新的工作制作和创造能力,这就需要现在中学生能感受信息技术的创新力量,从单学科走向多学科,从融合走向共赢,要有新的创新。

总之,信息技术课程学习有利于促进创造思维的培育,有利于创新精神的拓展,有利于创新能力的提升。科技的发展离不开发明创造,更离不开创造力的培养,而信息技术课程正是培养创造能力的学科。

第三部分　学科课程目标

学科核心素养是学科教育全面贯彻党的教育方针、落实立德树人根本任务、实现素质教育的重要标志,是学科育人价值的集中体现,是学生通过学科学习而逐步形成的正确价值观念、必备品格和关键能力,《江苏省义务教育信息技术课程纲要(2017 年修订)》是学科课程目标制订的基本依据。

一、 学科核心素养

义务教育信息技术学科核心素养包括信息意识、计算思维、数字化学习与创新、信息社会责任(图 7 - 1)等方面。学生在接受信息技术教育过程中逐步形成的信息技术知识与技能、过程与方法、情感态度与价值观等方面的综合表现,主要通过学科课程的学习形成基础性、发展性和社会性,培养适应信息时代的实践能力和创新发展能力、良好社会责任意识。

信息技术学科核心素养围绕"人与技术"、"人、技术、问题解决"、"人、技术、社会"的关系而展开,由信息意识、计算思维、数字化学习与创新、信息社会责任四个核心要

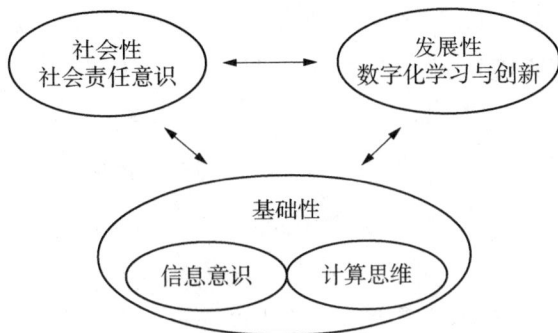

图 7-1　义务教育信息技术学科核心素养关系图

素组成。四个核心要素既相互区别,又相互联系,统一于学科核心素养发展过程始终,共同构成学科核心素养体系系统。一方面,四个素养要素内涵不同、表现有差,关注不同维度的素养发展需求:信息意识与计算思维是学生个体文化素养方面的基本表现;数字化学习与创新关注人与技术的关系,注重数字化环境、资源的运用,体现技术对学生学习发展的促进作用,满足数字化环境下的学生发展需求;信息社会责任是超越学科界限的素养要素,是学生发展社会化的普遍性要求,是个体参与社会生活所应必备的社会性品质,满足人的社会性需求。另一方面,四个素养要素相互依存,相互贯通,互为联系,共同发展:信息意识是其他三个要素发展的前提,亦随着其他要素发展而发展,由低级状态向高级状态转变,逐渐由"感性"阶段向"理性"阶段演变,其发展的理性阶段又体现系统的整体水平;计算思维是学科核心素养系统的核心及关键要素,影响其他三个要素发展的质和量,一定程度上决定学科核心素养的优劣;数字化学习与创新基于信息意识、计算思维、信息社会责任而发展,是其他素养要素在学习、创新方面的直接行为表现,也是学生解决问题、进行创新创造的能力体现;信息社会责任是其他三个要素健康发展的保障,而对信息社会责任的认识能力及担当能力又受其他三要素发展水平的影响。

二、学科课程总体目标

义务教育信息技术课程的总体目标是培养学生的信息素养。《江苏省义务教育信息技术课程纲要(2017年修订)》指出：课程通过提供技术多样、资源丰富的数字化环境,帮助学生掌握信息技术基础、算法、程序设计、机器人技术、物联网技术与人工智能基础知识,了解计算机软硬件知识与基本操作,尝试解决日常生活中数字化表达的常见问题,初步感悟信息技术在人类生产与生活中的重要价值,尝试运用计算思维识别与分析问题,抽象、建模与设计系统性解决方案,在数字化学习与创新实践过程中,了解信息社会的特征,感知人、技术与社会的关系,养成良好的信息意识与行为习惯,初步形成信息社会责任意识,成为数字化时代的合格小公民。主要体现：增强学生的信息意识,了解信息技术的发展变化及其对工作和社会的影响;初步了解计算机基本工作原理,学会使用与学习和实际生活直接相关的工具和软件;学会应用多媒体工具、相关设备和技术资源来支持其他课程的学习,能够与他人协作或独立解决与课程相关的问题,完成各种任务;在他人帮助下学会评价和识别电子信息来源的真实性、准确性和相关性;树立正确的知识产权意识,能够遵照法律和道德行为并负责任地使用信息技术。

三、 学科课程年段目标

信息技术学科课程目标主要分为必修部分和选修部分。七年级和八年级主要教学目标是完成必修内容的学习,参加八年级的无锡市信息技术会考。九年级不开设课堂教学目标,主要通过选修活动来实现课程目标。各年级课程目标见下表7-1。

表7-1 信息技术学科课程年级目标

年级	学期	课程目标	信息素养
七年级	上学期	了解信息技术发展及应用,熟练掌握 WPS 表格数据处理。	熟练指尖键盘进行汉字输入。熟练运用指尖鼠标的数据功能。
	下学期	运用WPS文字与演示进行作品创作,了解图片、音视频作品。	具有初步的设计版式的能力,能编辑电子报刊,能设计制作未来主题作品、PS、K 歌、写真集展等。

年级	学期	课程目标	信息素养
八年级	上学期	了解动画原理并进行FLASH动画创作，阐述创意设计。	学会使用一种常用的动画制作工具，设计、制作动画，表达动态信息或描述动态过程。 能根据作品特点和受众的需要，选择合适的方式演示或发布电脑作品，表达主题和创意。
	下学期	了解网络基础知识并激发探求兴趣，简单网页制作发布。	利用因特网有效获取信息，支持学科学习，解决实际问题。 能利用社交软件、电子邮件、即时通信等网络交流工具传递信息、表达思想、辅助学习。 掌握用 Frontpage 制作简单网页的基本技能。
九年级	上学期	了解算法与程序设计，领悟算法意义，掌握社会人工智能信息。	依据解决问题的需要，设计和表示简单算法；掌握一种程序设计语言的基本知识，利用程序设计语言实现简单算法，解决实际问题（计算思维）。 通过研讨人工智能在智力竞赛及图像记忆挑战中夺冠等事件，了解人工智能技术，思考人工智能发展对社会发展的影响，以及可能会引发的社会问题。
	下学期	熟知机器人原理，掌握常见机器人的技术和简单应用，探知物联网技术的使用及广阔前景。	设计和制作机器人，以机器人为载体，体验并初步学会通过程序设计解决问题的基本过程。使用简单易学的程序语言（如 LOCO）编制简单的程序控制机器人做出简单动作或解决简单问题。 构建逻辑思维，感知物联网技术。

第四部分　学科课程体系

一、学科课程结构

依据《江苏省义务教育信息技术课程纲要（2017 年修订）》提出：在新的基础教育课程体系中，信息技术教育是由国家规定、地方组织开发与实施的课程，结合初中阶段

图 7-2　信息技术学科课程结构图

信息技术课程教学目标和课程内容，根据我校的学生实际特点和教师配置、硬件条件，坚持多样化教学特点，培养学生良好的探究学习、沟通交流、团队协作、自主创新等能力，旨在加强信息技术课程建设与实施，切实提高教学质量，提升学生信息素养，为学生的全面发展和个性发展提供良好的学习平台和更广阔的学习空间。我校特别开设初中阶段的信息技术课程，主要包括有指尖知识、指尖程序、指尖智能、指尖应用、指尖云端五个模块（图 7-2）。

模块 1：指尖知识

信息技术的迅速发展深刻改变了人类社会生活，改变了世界。掌握计算机基本操作、熟练使用常见软件和典型网络服务，是现代信息社会生存与发展的基本技能之一。本模块针对个人计算机基础知识、网络基础知识与实践应用而设置。

通过本模块的学习，了解常见计算机硬件基础知识及基本工作原理，学会运用合适的软件解决实际问题，了解网络基本知识，体验网络的基本应用，初步感悟信息技术在人类生产与生活中的重要价值，在数字化表达与创新活动中初步培养信息意识、计算思维和信息社会责任。

本模块内容主要包括信息的识别与获取、信息的存储与管理、信息的加工与表达、信息的发布与交流。

模块 2：指尖程序

算法是程序设计的灵魂，程序设计语言是实现算法的重要工具。本模块针对算法与程序设计的应用，为满足学生个性发展需要而设置。通过本模块的学习，了解算法设计的一般方法，了解一种程序设计语言，尝试利用一种程序设计语言实现简单的算法；了解利用计算机进行问题求解的基本思想、方法和过程。

本模块内容主要包括算法与问题解决、程序结构与设计。

模块 3：指尖智能

人工智能是研究、开发用于模拟、延伸和扩展人的智能的理论、方法、技术及应用系统的一门技术科学。当前，我国把发展人工智能作为提升国家竞争力、维护国家安全的重大战略。本模块针对人工智能技术的简单应用，为满足学生的个性化发展需要而设置。

本模块内容主要包括人工智能基础、人工智能应用与问题解决、人工智能技术发展。通过本模块的学习，初步了解人工智能的基本概念及发展历程，通过体验及剖析生活中常见的人工智能系统应用案例，感知人工智能技术的特点，初步了解人工智能的基本工作原理与过程，尝试设计与实现简单的人工智能系统。

模块 4：指尖应用

机器人技术已经广泛地应用于人们的日常生活与学习中，成为人类的助手。本模块针对机器人技术的应用，为满足学生的个性化发展需要而设置。

本模块内容主要包括组件与功能、算法与程序、设计与制作。通过本模块的学习，了解机器人技术的基本原理，初步认识电机、传感器与传动机构等方面的技术，亲历作品的创意、设计、制作、测试与运行等过程。

模块 5：指尖云端

云端技术已经广泛运用于生产、生活的各个领域。本模块针对物联网技术的应用，为满足学生的个性化发展需要而设置。

本模块内容主要包括信息感知、信息传输、智能应用。通过本模块的学习，学生能借助物联网简易系统的设计与制作，初步认识感知系统和传输系统等物联网核心技术，初步学会分析任务需求，选择合适的信息感知和传输技术，创造性地解决日常学习和生活中的实际问题。

二、 学科课程设置

七年级、八年级主要学习必修课程，还学习选修部分课程，其中"指尖知识"共 54

学时,"指尖程序"共 18 学时,"指尖云端"共 12 学时;九年级主要学习选修课程,"指尖智能"、"指尖应用"两个模块各 12 学时(表 7-2)。

表 7-2　初中信息技术学科课程设置表

年级	学期	指尖知识	指尖程序	指尖智能	指尖应用	指尖云端
七年级	上学期	信息与信息技术;WPS 表格数据处理	Scratch 语言基本类型	人机象棋赛	扫地机器人	温湿度测控
	下学期	WPS 文字、WPS 演示作品制作;图片、音视频创作	Scratch 语言条件语句	人机围棋赛	翻译机器人	城市公交系统
八年级	上学期	FLASH 动画创作	Scratch 语言循环语句	智能人机对话	跳舞机器人	长江水位江阴段监测
	下学期	网络基础知识;网页制作发布	Scratch 语言数组	智能学英语	家用机器人	PM2.5 全市监测
九年级	上学期	办公自动化的应用	算法与程序	人工智能知识	灭火机器人	智能家居应用
	下学期	网上问卷调查分析系统	Scratch 语言系统应用	人工智能探索	机器人发展	卫星导航探密

第五部分　学科课程实施与评价

信息技术课程教学过程中,让学生进一步了解信息技术发展的新动态、新信息,培养学生养成收集信息、处理信息、存储信息、利用信息和交流信息的习惯和能力,培养学生崇尚科学、热爱科学的精神;提高他们的创新思维和综合运用各科知识的能力;培养他们勇于探索、独立动手的能力。信息技术课程教学评价要求评价既要体现共性,更要关心学生的个性,既要关心结果,更要关心过程;评价注重的是学生学习的主动性、创造性和积极性。评价可以是多角度的,评价关注的是学生在学习过程中的表现,包括他们的学习兴趣、基础知识的掌握能力、实践操作能力、自信心、进取心、意志、审美等方面的自我认识和自我发展。评价学生的学习不再仅仅依靠成绩测验,还包括了对学生学习有关的态度、行为等方面的考查。

一、 建构"指尖课堂",落实学科基础课程

"指尖课堂"主是在学习信息的获取、加工、管理、表达与交流的过程中,通过团队合作解决问题,掌握个性化运用信息技术,培养学生的创新意识和能力。将学生的信息素养通过三个层面:知识与技能、过程与方法、情感态度与价值观相互渗透、有机融合协调发展。

(一)"指尖课堂"操作要求

"指尖课堂"主要落实七年级和八年级的教学要求,也是信息技术基础的最主要内容。特别将信息内容(包括文本、图片、音视频、动画、网站等)的获取、加工处理和发布作为课堂教学的首要任务。课堂既是学生学习的场所,又是学生综合能力发展的平台。课堂教学的实施应当以教材纲要所提出的目标和内容为基本依据。

1. 体现学科的育人价值。构建以学科核心素养为主线的教材体系,挖掘学科丰富的精神内涵和独特的育人价值,重视继承和弘扬中华文化,理解和尊重多元文化,借鉴异域文化的优秀成果,具有国际视野和多元文化观,以增强学生的民族自尊心和爱国主义情感,促进学生坚守中国文化立场,增强文化自信,帮助学生树立正确的世界观、人生观和价值观。

2. 关注模块间的逻辑关系。教材编写要关注课程内容各模块之间的逻辑关系。"指尖知识"模块是其他四个模块学习的基础。其余四个模块内容间的联系更为紧密,"指尖程序"是信息技术的最根本的核心基础,"指尖智能"、"指尖应用"和"指尖云端"是人工智能技术和物联网技术的两个重要应用领域。教材编写既要关照各模块的特点,也要关注它们之间的内在联系,处理好独立与融合的关系,以保持学科内容的连续性、系统性。

3. 教材资源贴近学生生活。教材资源的选择要体现学以致用的思想。教材编写

要注重信息技术与现实生活的结合,面向学生已有的生活经验。教材编写还要体现社会进步和科学技术发展的成果,体现科学性与前瞻性,以激发学生的创新动机,培养学生对信息技术发展的适应能力。

4. 充分利用网络构建学习资源平台。充分利用网络构建可持续发展的学习资源平台,指导学生在虚拟社区自主学习或合作学习,引导学生成为资源的使用者和分享者,促进学生在信息意识、计算思维、数字化学习与创新、信息社会责任等学科核心素养方面的全面发展。要加强课程资源的开发与建设,可通过配套光盘、教学辅助网站等多种形式建设立体化课程资源。

(二)"指尖课堂"评价标准

"指尖课堂"评价应当以促进学生发展为根本目的,紧密围绕课程目标展开。应当充分发挥评价对学生学习行为的激励和导向功能,及时、全面地了解学生的学习状况,指导学生的学习行为,使学生由"学会信息技术"到"会学信息技术";应当充分利用课程评价的教育功能,通过自评、互评等方式,培养学生正确的学习评价观和主动参与意识,以提高学生的评价能力;同时,应当充分体现课程评价对教师教学及其改革的调节功能,指导信息技术教师科学认识课程评价的各项结果,合理地设计和调节教学过程与方法(表7-3)。

表7-3 信息技术课程评价标准

评价对象	评价指标	评价标准	评价分值	评定分值
教学目的内容	教学目标	目的明确、具体、可行	8分	
	教学内容	正确、教学设计新颖,切合实际	9分	
	思想教育	结合学科特点,有机渗透思想教育	8分	
教学媒体应用	多媒体手段	优化组合、符合媒体选择,设计合理	8分	
	媒体合理性	适时、适宜、节奏恰当,符合教学实际	8分	
	媒体效果性	符合认识规律或客观实际,取得明显的教学效果	9分	

续表

评价对象	评价指标	评价标准	评价分值	评定分值
教学过程方法	方法运用	选择正确,设计合理,运用有序	8分	
	反馈调控	反馈正确、及时,教学调控好	8分	
	师生互动	教师主导作用和学生主体作用充分发挥	9分	
教学效果评价	学生反应	学生注意力集中,学习积极主动	8分	
	目标达成	达到教学目标,能力得到培养	8分	
	效果评价	按时完成教学任务,提高教学效率	9分	

全面考查学生信息素养的养成过程,要重视通过现场观察、档案袋或成长记录的方式来搜集评价资料,并探索数字化、可视化的方式呈现,如电子档案袋、学生综合素质评价系统等。评价要强调对教学和学习的诊断、激励和促进作用,可以采用考试、完成指定任务、制作主题作品等方式。

二、 创设"指尖课程",丰富学科拓展课程

"指尖课程"是在"指尖知识"课程学习的基础上,通过兴趣的激发,向信息技术某一领域进一步地探索和研究,特别是"指尖程序"、"指尖智能"、"指尖应用"、"指尖云端"的深入应用和开发,形成学科系统拓展课程,创设学科特色,有意识培养动手实践能力和智力开发的强化,形成基本的创新思维和意识,从而熟练应用于学科领域。

(一)"指尖课程"的实践操作

"指尖课程"拓展课程主要落实八、九年级的教学要求,更是信息技术课程的延伸部分,注意课程的开发和应用功能,特别让对学科感兴趣的学生产生启迪智慧、开辟天地的感觉。

"指尖课程"重点从培养个人兴趣出发,借助范例或实例,在动手过程中激发学生的探索欲望,培养科学技术基本思维模式和工作运行流程,让学生能用好信息技术解决生活中的实际问题,包含程序设计、人工智能、机器人、物联网四个模块的应用和探

索,基本以实践课、探索课、应用课为主,通过感受新技术来了解信息时代技术和前沿技术的变革。"指尖课程"的实例以解决数学问题、工作流程来诠释程序设计,以各种机器人应用来剖析人工智能,以智能家居、智慧校园、智慧城市的各方面应用方式来解释物联网云端的技术革新。通过学科课程的拓展让学生能够自主地向学科应用领域深入研究,推进课程的实施和实践项目的建设。

(二)"指尖课程"评价标准

"指尖课程"基于特色学科拓展课程的过程性评价,可采用灵活的生生互评、团队合作、沟通交流、作品展示、教师点评五个方面进行评价。以"最佳创意奖"、"最佳实践奖"、"最佳团队奖"等形式进行鼓励和激发课程进一步升华。"最佳创意奖"是以学生个人的创新意识为基本思维模式,可以将个人创意转化为实践项目,体现前瞻性、科学性和价值性。"最佳实践奖"是以学生个人的技术应用实践技能为基本要素,体现快捷性、精准性和有效性。"最佳团队奖"是以小组的团队建设、沟通交流和表达展现为基本要求,强调小组成员分工明确、团结协作、自主创新,体现合作性、探究性和创造性。

三、 开展"指尖科技节",浓郁学科教学氛围

(一)"指尖科技节"实践操作

为了增强学生动手实践能力、信息技术应用水平,培养竞争意识,促使学生全面发展,弘扬科学技术精神,推进学校素质教育的全面开展,促进全校学生科学素养的全面提升,科技节活动主要有:

1. "指舞飞扬"——计算机打字比赛。将"金山打字"软件作为此次比赛平台,指定文章统一打字,没有按要求操作的参赛者取消评分资格;比赛采用选手自己最擅长的输入法(标准输入法,五笔输入法,搜狗拼音输入法,全拼输入法等,由组织人员负责提供);此次比赛按 100%的正确率进行,输入完规定内容,用时少的选手优先胜出,按照排名分设一、二、三等奖。

2. "火眼金睛"——电脑"找不同"。将找不同动画软件作为此次比赛平台,比赛时统一打开软件,没有按要求操作的参赛者取消评分资格;此次比赛按初赛和决赛,初

赛在规定的时间内,晋升的关数多者优先胜出,团队选手最后以时间成绩排名,选取总成绩的前十五名(包括相同关数的)进入决赛。决赛在规定的时间内,晋升的关数优先胜出,相同关数的找出不同之处多者成绩优先,比赛中不可暂停,直到比赛结束,按照排名分设一、二、三等奖。

3. "排除万难"——Windows 扫雷。比赛时统一打开软件,没有按要求操作的参赛者取消评分资格;比赛过程中不可暂停,直到比赛结束;如果电脑出现故障,参赛者应及时向裁判反映,裁判可将其安排到下一轮比赛,比赛在规定的时间内,用时少者优先胜出,最终胜出者将获"扫雷王"称号,其余在规定时间内完成者,按照排名,分设一、二、三等奖。

4. "独辟蹊径"——数字华容道。游戏的基本操作:试试你的最强大脑,移动数字到旁边的空白处,最后完成数字从 1—15 的正确排列,快来一起挑战吧! 比赛时统一打开软件,没有按要求操作的参赛者取消评分资格;比赛过程中不可暂停,直到比赛结束;如果电脑出现故障,参赛者应及时向裁判反映,裁判可将其安排到下一轮比赛,比赛在规定的时间内,用时少者优先胜出。最终胜出者将获"最强大脑"称号,其余在规定时间内完成者,按照排名,分设一、二、三等奖。

(二)"指尖科技节"评价标准

详见"指尖科技节"评价标准(表 7-4)。

表 7-4 "指尖科技节"评价标准

评价对象	指标体系	等级内容	评定等级
	组织建设	社团章程、制度健全	
		有专业的教师负责	
	目标计划	有年度活动目标且明确具体	
		有科学、规范、合理、可行的行动计划	
	学生活动	积极主动,参与度高,相互合作	
		认真探索,有活动体验与感悟	

评价对象	指标体系	等级内容	评定等级
	教师指导	认真负责,服务意识强	
		有针对性指导和个性化点评	
	活动成效	活动正常开展,师生配合默契	
		有活动成果展示或获奖颁布	
	资料记录	记录齐全,及时保存	
		建立活动资料档案	

四、 打造"指尖社团",落实兴趣爱好课程

在"大众创业、万众创新"的国家战略规划以及全球创客运动的影响下,旨在改变传统人才培养模式的创客教育应运而生。教育部《教育信息化"十三五"规划》提出:"有条件的地区要积极探索信息技术在众创空间、跨学科学习(STEAM 教育)、创客教育等新的教育模式中的应用,着力提升学生的信息素养、创新意识和创新能力,养成数字化学习习惯,促进学生的全面发展,发挥信息化面向未来培养高素质人才的支撑引领作用。"

(一)"指尖社团"的实践操作

江苏省南菁高级中学实验学校创客空间以"蒋新松匠心坊"命名,以此纪念我校的杰出校友,"中国机器人之父"的蒋新松先生,传承他的革命衣钵,发扬工匠精神。"蒋新松匠心坊"创办于 2017 年 5 月,实验室现配备"Overload Pro"3D 打印机,Arduino 创意机器人套件,探索者电子机械套件,智能家居套件,vortex 机器人,遥控机械臂,智能气象站套件,拆弹专家套件,虫虫机器人和几十种传感器。

我校创客命名为"菁园创客少年",秉承南菁学生形象:"会做人,会学习,会生活,会创造"由于学生参与的广度和深度不断加大,以每周的选修课为平台,"菁园创客少年"以社团为单位活动,平时每一节课结束后学生自己叙述创作过程中的收获和不足,

其他学员结合实际进行评价量化和自我评价,使作品趋向完善,最后进行展示和考核。学生通过学习编程、建模等知识能把个人的创意变成现实作品,学会借助团队的力量来解决问题,极大地丰富了同学们的课余生活,开阔了眼界,提升了实践操作能力,培养了创新意识和创新能力。

(二)"指尖社团"评价标准

详见"指尖社团"评价标准(表7-5)。

表7-5　"指尖社团"评价标准

评价对象	指标体系	等级内容	评定等级
社团工作	环境建设	有固定场所,环境整洁	
		适合学生发展和社会个性特点的场地	
	组织建设	社团章程、制度健全	
		有专业的教师负责	
	目标计划	有年度活动目标且明确具体	
		有科学、规范、合理、可行的行动计划	
	学生活动	积极主动,参与度高,相互合作	
		认真探索,有活动体验与感悟	
	教师指导	认真负责,服务意识强	
		有针对性指导和个性化点评	
	活动成效	活动正常开展,师生配合默契	
		有活动成果展示或获奖项	
	记录资料	记录齐全,及时保存	
		建立活动资料档案	
	活动安全	活动安全措施到位	
		培养学生安全意识	

第六部分　学科课程管理

一、　价值引领

伴随着信息技术的发展,对其教育的课程也在发生着相应的改革,直接促使学生学习和生活的变革,有效提升学生信息技术核心素养,能增强学生对信息技术学科课程和信息时代的适应性,提高学习能力和信息素养,让学生能够在面对未来的智能化社会,有持续的创新意识和探索实践能力。

二、　团队建设

培养打造一支具有敬业精神和拼搏精神的研究型的优秀教师队伍;鼓励教师把握机会多参与各种进修活动,努力提高自己的专业素养。适时安排青年教师参与听课、上课、评课等基本教学环节。利用教研组、备课组活动契机经常开展学术讨论,教师讲解教材中的重点和难点。坚持不定期开展教学内容和方法的研讨活动、优秀课件的展示及观摩教学活动。鼓励并带动教师参加各类科研课题,坚持教学科研相长,积极撰写学术论文。

三、　制度建构

建立固定的备课组活动,在每周二下午第一、二节课。不管是备课组内还是教研组内都有相关考核评定制度、公开课制度,学校对备课组有各种考核制度。固定的制度使组内的每位教师能自我鞭策,相互学习。

四、　经费保障

在学校的统一领导下,根据学校教学工作的需要统筹安排和使用各项教学经费。坚持统筹安排,保证重点的原则。在量入为出、收支平衡的前提下,每年在安排经费预算时,除人员经费外,应优先安排教学经费,使教学工作的中心地位在经费预算中得以体现。

五、　硬件条件

我校有 3 个机房、1 个创客教室、多个多媒体教室,可以满足初中信息技术教学需求,每年都有专用经费用于建设和运行以及增添硬件设备。随着教育信息化的深入发展,教学现代化也发生了许多量的变化,包括班班通、网络化的实现,但真正意义上的教学信息化必将进入崭新的多元化时代,学校将努力加强教育信息化的发展意识,提供优质服务教学的平台,争取多渠道、多层次地开发和利用信息化资源,健全学校教育信息化的发展机制,科学规划,全面部署,以校级领导对教育信息化保障体系的深入研究,提高教学现代化的管理与应用,有效保障教育信息化工作的顺利开展,确保可持续发展。

（於瑞丰　华蓉蓉）

后记

随着课程改革的不断深入,学校每一门学科都开发出众多的学科校本课程,可是这些课程与国家课程到底是什么关系,这些课程之间又怎样才能建立起有机的联系,各学科之间的课程怎样才能形成合力等学科课程建设的深层次问题,日益凸显,亟待我们去探索,去整合。本书就是我校在这一方面进行探索与整合的产物。

本书包含着专家的心血与智慧。上海市教育科学研究院杨四耕老师不仅仅是学科课程群设计的指导者,也是所有学科课程方案的阅读者和批改者。在杨四耕老师精心指导下,我们各学科的老师理论素养和课程意识都有显著提高,学校整体教研水平也因之有了长足的进步。在此我们对杨四耕老师的辛勤付出深表感谢!

本书客观地记录了老师们的探索。要完成学科课程设计这种专业性科研性极强的工作,我校教师对此普遍都有力不从心之感。南菁实验的老师们的可贵之处在于,当学校决定一定要完成这项任务时,所有的老师们,尤其是骨干教师都积极地参与其中,在一次又一次地"否定"中,依旧坚持不懈地前行。这一干就是两年多,本书中的每一个章节都是老师们不断求索的坚实足迹。现将这些洋溢着草根气息的文字汇集成册,呈现出的是原生态学科课程设计探索的成果。

本书还体现了学校领导者的远见卓识。初中各学科课程标准还是2011年修订的,当下正面临着新的修订窗口期,但学校行政团队觉得完成学校课程规划和各学科课程设计刻不容缓,费玉新校长态度尤为坚定。他说,就算是我们学科课程设计刚刚完成,新的课程标准就出台了,我们也要马上行动,哪怕是把此次学科课程设计的过程作为一场骨干教师课程意识养成的大练兵也是值得的。他广泛整合资源,亲自去上海聘请杨四耕老师,并经常参与学科课程设计的相关活动。整个探索过程中,他都倾注了大量的时间、精力和智慧。在他的带领下,校长室成员都积极参与其中。本书每一章的理论阐述部分就是由学校领导团队合作完成的。

　　本书既是我校学科课程群建设的一个阶段性总结,又将为下一个阶段的课程实施奠定坚实的基础。我们希望借助本书的出版,真诚地倾听专家和同行进一步的指导与指正。

本书编委会

2019 年 12 月

课堂教学的 30 个微技术	978 - 7 - 5760 - 1043 - 5	52.00	2020 年 12 月
教学诠释学	978 - 7 - 5760 - 0394 - 9	42.00	2020 年 9 月
原点教学：提升区域育人质量的策略研究			
	978 - 7 - 5760 - 0212 - 6	56.00	2020 年 8 月

学校课程发展丛书

数学学科课程群	978 - 7 - 5675 - 9445 - 6	58.00	2019 年 8 月
科学学科课程群	978 - 7 - 5675 - 9593 - 4	34.00	2019 年 9 月
核心素养与课程设计	978 - 7 - 5675 - 9462 - 3	46.00	2019 年 9 月
语文学科课程群	978 - 7 - 5675 - 9441 - 8	56.00	2019 年 9 月
品牌培育与学校课程	978 - 7 - 5675 - 9372 - 5	39.00	2019 年 9 月
英语学科课程群	978 - 7 - 5675 - 9575 - 0	39.00	2019 年 10 月
体艺学科课程群	978 - 7 - 5675 - 9594 - 1	34.00	2019 年 10 月
跨学科课程的 20 个创意设计	978 - 7 - 5675 - 9576 - 7	34.00	2019 年 10 月
学校课程与文化变革	978 - 7 - 5675 - 9343 - 5	52.00	2019 年 10 月

品质课程实验研究丛书

学校课程框架的建构：HOME 课程的旨趣与架构			
	978 - 7 - 5675 - 9167 - 7	36.00	2019 年 9 月
聚焦育人目标的课程设计：红棉花季课程的愿景与追求			
	978 - 7 - 5675 - 9233 - 9	39.00	2019 年 10 月
核心素养导向的课程设计：花园式课程的文化与聚焦			
	978 - 7 - 5675 - 9037 - 3	48.00	2019 年 10 月
学校课程文化的实践脉络：百步梯课程的逻辑与架构			

| | 978 - 7 - 5675 - 9140 - 0 | 48.00 | 2019 年 11 月 |

学校课程发展策略：SMILE 课程的逻辑与深度

| | 978 - 7 - 5675 - 9302 - 2 | 46.00 | 2019 年 12 月 |

聚焦内涵发展的课程探究：芳香式课程的理念与实施

| | 978 - 7 - 5675 - 9509 - 5 | 48.00 | 2020 年 1 月 |

以儿童为中心的课程：欢乐谷课程的旨趣与维度

| | 978 - 7 - 5675 - 9489 - 0 | 45.00 | 2020 年 1 月 |

学校课程体系的建构："小螺号课程"的架构与创生

| | 978 - 7 - 5760 - 0445 - 8 | 45.00 | 2020 年 9 月 |

聚焦儿童发展的课程范式：暖记忆课程的理念与实施

| | 978 - 7 - 5760 - 0580 - 6 | 38.00 | 2021 年 3 月 |

特色学校聚焦丛书

不一样的生命，一样的精彩	978 - 7 - 5675 - 8675 - 8	34.00	2019 年 3 月
童味正醇：特色学校的文化图谱	978 - 7 - 5675 - 8944 - 5	39.00	2019 年 8 月
特色普通高中课程建设探索	978 - 7 - 5675 - 9574 - 3	34.00	2019 年 10 月

儿童是天生的探索者：360°科学启蒙教育

| | 978 - 7 - 5675 - 9273 - 5 | 36.00 | 2020 年 2 月 |

做精神灿烂的教师：教师自我成长的 5 个密码

| | 978 - 7 - 5760 - 0367 - 3 | 34.00 | 2020 年 7 月 |

让教育温暖而芬芳	978 - 7 - 5760 - 0537 - 0	36.00	2020 年 9 月
快乐教育与内涵生长	978 - 7 - 5760 - 0517 - 2	46.00	2020 年 12 月
故事教育与儿童发展	978 - 7 - 5760 - 0671 - 1	39.00	2021 年 1 月

美好教育：学校内涵发展的循证研究

| | 978 - 7 - 5760 - 0866 - 1 | 34.00 | 2021 年 3 月 |

跨学科课程丛书

大情境课程：主题设计与创意评价

    978 - 7 - 5760 - 0210 - 2   44.00   2020 年 5 月

社会参与素养的培育模型与干预机制

    978 - 7 - 5760 - 0211 - 9   36.00   2020 年 5 月

大概念课程：幼儿园特色主题活动设计

    978 - 7 - 5760 - 0656 - 8   52.00   2020 年 8 月

核心素养导向的课堂教学丛书

漾着诗性智慧的课堂教学   978 - 7 - 5675 - 9308 - 4   39.00   2019 年 7 月

转识成智的课堂教学：核心素养导向的历史教学

    978 - 7 - 5760 - 0164 - 8   40.00   2020 年 5 月

学导式教学：学会学习的教学范式

    978 - 7 - 5760 - 0278 - 2   42.00   2020 年 7 月

高阶思维教学的关键技术   978 - 7 - 5760 - 0526 - 4   42.00   2021 年 1 月

特色课程建设丛书

教师，生长的课程   978 - 7 - 5760 - 0609 - 4   34.00   2020 年 12 月

学校课程发展的实践范式   978 - 7 - 5760 - 0717 - 6   46.00   2020 年 12 月

丰富学习经历：如歌式课程的愿景与深度

    978 - 7 - 5760 - 0785 - 5   42.00   2020 年 12 月

学科课程群设计方法   978 - 7 - 5760 - 0579 - 0   44.00   2021 年 3 月